LA LÉGENDE

DE

SAINT FLORUS

D'APRÈS LES TEXTES LES PLUS ANCIENS

I. La Légende sacrée — II. Les Légendes fabuleuses

MARCELLIN BOUDET

CONSEILLER A LA COUR DE GRENOBLE
PRÉSIDENT DE LA SOCIÉTÉ « LA HAUTE-AUVERGNE »
MEMBRE DE L'ACADÉMIE DE CLERMONT
DE L'ACADÉMIE DELPHINALE ET AUTRES SOCIÉTÉS

CLERMONT-FERRAND

LOUIS BELLET, IMPRIMEUR-LIBRAIRE
Avenue Carnot, 4

1899

LA

LÉGENDE DE SAINT FLORUS

D'APRÈS LES TEXTES LES PLUS ANCIENS

OLIFANT, DIT COR DE SAINT FLOUR
Attribué au XIe siècle et conservé dans la Cathédrale de Saint-Flour

LA LÉGENDE

DE

SAINT FLORUS

D'APRÈS LES TEXTES LES PLUS ANCIENS

———

I. La Légende sacrée — II. Les Légendes fabuleuses

———

Marcellin BOUDET

CONSEILLER A LA COUR DE GRENOBLE
PRÉSIDENT DE LA SOCIÉTÉ « LA HAUTE-AUVERGNE »
MEMBRE DE L'ACADÉMIE DE CLERMONT
DE L'ACADÉMIE DELPHINALE ET AUTRES SOCIÉTÉS

CLERMONT-FERRAND
LOUIS BELLET, IMPRIMEUR-LIBRAIRE
Avenue Carnot, 4
—
1899

LA

LÉGENDE DE SAINT FLORUS

CHAPITRE I

LA LÉGENDE SACRÉE DE SAINT FLORUS

§ 1. — Les plus anciens textes.

Avant d'aborder l'examen des légendes fabuleuses greffées par l'erreur et la crédulité publiques sur l'histoire ou le culte de saint Florus, il est utile de rappeler ici que, dans une première étude (1), j'ai commencé par asseoir aussi solidement que possible, ce que j'appellerai, si on le veut bien, la Légende sacrée du saint. Je ne peux que résumer ici ce premier travail pour qu'il apparaisse bien clairement que l'ensemble est une œuvre de respect et de sélection.

Bien que le saint Florus d'Auvergne ne figure pas au catalogue romain, il est un saint parfaitement authentique, constaté par dix bulles de papes au moins, depuis le xᵉ siècle jusqu'au commencement du xiiᵉ, Grégoire V (996-999), un

---

(1) *Annales du Midi*, *1895*, VII, 264. On trouvera dans mon article de cette revue, intitulé : *La légende de saint Florus d'après les textes les p'us anciens, Additions aux nouveaux Bollandistes*, les textes et les gîtes des documents sur lesquels il s'appuie; et encore à la fin de la présente étude, aux pièces justificatives.

pape innommé (1000-1031), Victor II (1055), Etienne X (1058), Grégoire VII (1075), Urbain II (1095), Pascal II (1109), et Calixte II (1121), pour ne parler que des plus anciennes. Deux de ces papes sont venus prier sur son tombeau, Urbain II, après le concile de Clermont, lorsqu'il prêcha la première croisade (6-13 déc. 1095), et Calixte II en 1121.

L'existence, non pas seulement des reliques, mais du « *corps* de saint Florus » dans ce tombeau est attestée dès le pontificat de Grégoire V à la fin du x⁰ siècle; c'est-à-dire dans le plus ancien document qui nous soit parvenu sur l'existence de la ville. D'après la bulle de Grégoire V, ce tombeau était alors enfermé dans un monastère, *cella ubi requiescit sanctus Florus*, vraisemblablement construit à l'origine pour l'abriter et honorer le culte du saint. Presque tous les papes que je viens de nommer se sont exprimés dans les mêmes termes; et, dans la bulle d'érection du prieuré de Saint-Flour en chef-lieu de diocèse (1317), Jean XXII répétait à son tour : *ubi corpus ipsius sancti Flori confessoris dictæ ecclesiæ reconditum sit.*

Le culte de saint Florus est encore historiquement attesté par les abbés de Cluny des x⁰ et xi⁰ siècles, par les évèques d'Auvergne et les souverains féodaux du pays aux environs de l'an 1000.

Les témoignages de l'Eglise locale surabondent de l'an 1000 au règne de Louis-le-Gros. L'*Inventoria capituli sancti Flori*, résumé analytique terminé vers 1131 des Actes de fondation et de dotation du second monastère construit sous le règne du roi Robert après la destruction du premier, par Amblard Comtour de Nonette (et non pas d'Apchon) (1), vise à lui seul environ 45 actes des xi⁰ et xii⁰ siècles constatant ce culte. Le *Chartulaire de l'Evesché de Saint-Flour* arrêté en 1314,

_____

(1) Personne n'a encore pu citer un seul document contemporain signalant un seul « Comtour d'Apchon » avant le règne de Saint-Louis; encore ne sont-ils dits au moyen-âge que « Comtours, seigneur d'Apchon ». L'erreur propagée par d'Expilly, Chabrol et autres créant des « Comtours d'Apchon » au xi⁰ siècle, n'en a pas moins été répétée de confiance par

qui renferme près de 130 actes du xiii° (1); d'autres pièces disséminées dans les archives vaticanes, nationales, départementales, dans celles de la municipalité de Saint-Flour et de son évêché, confirment avant le xive siècle le culte de Florus, que l'hagiographe Géraud Vigier appelait, sous Louis XIII, l'un des « trois protecteurs de l'Auvergne ». Ce culte était en honneur en divers lieux de cette ancienne province qui mesurait plus de soixante lieues de long, et aussi en Rouergue, en Velay, en Gévaudan, à Lodève, dans six évêchés au moins; il figure dans les Propres d'une notable partie de la France, aussi ou plus étendue que tout le territoire de la Belgique. Le pape Urbain II a consacré sa basilique en personne; le bourg d'Indiciac a, dès le premier quart du xie siècle, échangé son nom pour celui du personnage sacré dont il abritait la dépouille; une atteinte portée à cet asile par les seigneurs temporels a mis en mouvement vers l'an 1000, toutes les puissances de la hiérarchie de l'Eglise, depuis de simples moines jusqu'au Souverain Pontife, en passant par les évêques et les abbés, et le conflit n'a pu se résoudre qu'à Rome; le nombre considérable de miracles opérés, suivant la tradition écrite du moyen-âge, sur le tombeau d'un si grand patron, *tantus patronus*, attira, fixa la population autour de lui; c'est à lui que le prieuré d'abord, puis la cité elle-même, durent avec leur nom, leur naissance, leur développement, et la fortune qui fit de celle-ci la capitale de la Haute-Auvergne, de celui-là le siège d'un assez vaste diocèse avant que Bernard Guy ait pris la plume pour écrire la vie de saint Florus.

Le culte de ce confesseur s'était déjà répandu hors des montagnes d'Auvergne sous le règne du roi Robert. Dans la 4° année de celui de son successeur (1035), une église placée

d'innombrables écrivains sur la foi les unes des autres. Ce qu'on appelle par erreur les Comtours d'Apchon sont, aux xie et xiie siècles les grands Comtours de Nonette. Nous en fournirons les preuves ailleurs. *(Reg. consul. de Saint-Flour)*.

(1) Sera publié aux premiers loisirs. Il est inédit.

sous son vocable et possédant, suivant toute apparence, une parcelle de ses reliques, se dressait dans la paroisse de Sauvessanges, canton et arrondissement d'Ambert (1). A cette date de 1035, Arbert, abbé de Saint-Pierre-la-Tour du Puy, en faisait don à l'abbaye de Chamalières-sur-Loire en Velay ; et c'est bien du même Florus qu'il s'agit, puisque les diocèses de Clermont et du Puy ont mis l'un et l'autre son office dans leurs Propres. On ne sait depuis combien de temps cette église existait avant 1035 ; mais elle remontait déjà à un temps suffisant pour qu'elle eût été construite ; un village s'était même élevé autour d'elle (2). Il était plus prospère aux environs de l'an mille qu'à la fin du siècle suivant, où il fut presque anéanti par les frères Dalmas, Eustache et Pons de Montravel, à qui le monastère en avait confié la garde moyennant quelques redevances (3). Ceci nous ramène vers la fin du xe siècle.

Les Bollandistes de Bruxelles ont donc commis une erreur manifeste dans le chapitre qu'ils viennent de consacrer à ce personnage sacré, dans le 63e volume des *Acta Sanctorum* récemment paru, en offrant son culte et son église comme une sorte de nébuleuse naguère entrevue par l'astronome Mabillon, en un acte mentionnant l'*Ecclesia Sancti Flori* une pauvre petite fois avant le commencement du xive siècle.

S'il est certain par textes que le nom de saint Florus paraît dès que le nom du lieu d'Indiciac où on l'honorait se montre lui-même dans les titres ; que sans le saint, nous ne saurions rien, ce qui s'appelle rien, des commencements de la cité close qui lui doit sa fondation et son nouveau baptême, il n'est pas moins positif qu'aucun document historique ne nous révèle ni quand il est né, ni en quels temps précis a vécu celui qui en recevait déjà l'hommage sous Hugues Capet.

Voilà pour l'histoire positive.

Pour l'histoire légendaire de saint Florus, la notice des

---

(1) Sur les confins des diocèses de Clermont et de Lyon.
(2) *Cartul. de Chamalières*, ch. 259. Voir pièces justificatives.
(3) *Même cartulaire*, ch. 134.

Bollandistes, sur la science de qui nous comptions beaucoup, nous a quelque peu déçus. Ils ne nous ont donné dans la *Vita saint Flori*, qu'une réédition du passage du *Speculum sanctorale* de Bernard Gui offert par lui au pape en 1329, ressassé depuis par tous les hagiographes qui se sont occupés de Florus, le président de Catel ; Géraud Vigier, carme de Clermont, en religion Dominique de Jésus ; Jean de Plantavit, évêque de Lodève ; Jacq. Branche, prieur de Pébrac ; Cambefort d'Aurillac et autres. Le passage du Légendaire de Moissac dont ils ont uniquement fait suivre l'extrait du Sanctoral, est postérieur à l'œuvre de Bernard Gui et servilement calqué sur elle. Non seulement ils n'ont fourni aucun texte, aucune autre indication permettant de contrôler si la légende rapportée par Bernard Gui s'appuyait sur des écrits antérieurs ou sur de simples traditions orales : mais ils ont affirmé dans leur commentaire, je traduis littéralement, que : « l'on n'avait aucun document certain plus ancien que le » xive siècle, ou antérieur au temps de Bernard Gui qui in- » séra la biographie de saint Florus dans la 4e partie de son » Miroir sanctoral (1). » C'est ce qu'a professé l'abbé Duchesne.

La partie essentielle du *Sanctoral* est incontestablement celle qui fait de Florus un disciple du Christ. Or, les documents sanflorains sont loin d'être muets sur ce point. Deux des actes de fondation du second monastère construit après la destruction du premier vers l'an 1000, dressés en 1013-1031 et reproduits par analyse vers 1131, s'expriment ainsi ; l'une : *Villa* Sancti-Flori *ubi et* unus de discipulis Domini *requiescebat* ; l'autre : *Villa* Sancti-Flori... *in qua jacet* unus ex discipulis qui fuit ad cœnam cum Domino. Une lettre de Pierre de Saint-Haon, prieur de Saint-Flour, au pape Urbain IV, écrite dans des circonstances solennelles, de concert avec l'abbé de Cluny, le mercredi des Cendres 1261 (1262) parle au Souverain Pontife

---

(1) *Acta SS. 2. LXIII*, p. 266.

de BEATI FLORI *religiosissimi confessoris, patroni nostri,* DIS-CIPULI JESU CHRISTI CUM SANCTO MARTIALE (1).

Le second cartulaire de Saint-Flour où se trouve cette lettre, offre toutes les garanties d'authenticité; et les Bénédictins les plus exigeants, tels que Dom Ruinart, Mabillon, et en outre les Sainte-Marthe, les continuateurs des *Annales bénédictines* et de la *Gallia*, ont considéré l'*Inventoria Sancti Flori* d'où les autres textes sont extraits, comme un document historique. Le savant Dom Estiennot, visiteur général de Cluny, l'a employé comme tel à la fin du XVIIᵉ siècle dans ses *Fragmenta historiæ ecclesiæ Aquitanicæ;* les Bénédictins de la *Gallia* s'en sont fait envoyer une copie par Jacques Sauret, avocat du roi au bailliage de Saint-Flour en 1698; il semble même que c'est l'original qui leur fut communiqué et dont ils prirent eux-mêmes copie (2). Dom Boyer l'a trouvé à Saint-Flour soit en original, soit en expédition lui paraissant réunir toutes les conditions de sécurité voulues et il l'a envoyé en 1711 de là, après y être venu tout exprès, à Dom René Massuet, à Paris, pour le cinquième volume des *Annales Bénédictines.* Il figure dans la table des pièces par lui expédiées à Paris sous l'indication suivante: « *Charte* » *de fondation du monastère de Saint-Flour* accompagnée de » quelques extraits du cartulaire de ce monastère (3) »; cette dernière partie de la phrase devant s'entendre du cartulaire le plus ancien, aujourd'hui disparu, et dont l'*Inventoria capituli Sancti Flori* n'était, comme le titre l'exprime, qu'un inventaire analytique. La copie des Bénédictins existe à la Bibliothèque nationale (4) parmi l'énorme masse de documents amassés par eux et dont une quantité est restée sans emploi par suite de l'interruption de leurs travaux. Une autre copie

(1) Pour ces textes, voir les Pièces justificatives.
(2) Pièces justificatives.
(3) *Journal de voyages de Dom Jacques Boyer (1710-1711),* par MM. François Boyer et Antoine Vernière. (*Mém. de l'Acad. de Clermont,* 1884; t. 20, p. 181-182).
(4) Pièces justificatives.

du xviiᵉ siècle, non authentiquée, il est vrai, mais dont j'ai vérifié la conformité complète avec celle de la Bibliothèque nationale, est conservée aux archives de l'évêché de Saint-Flour.

Enfin une très ancienne légende *écrite*, dont parlent Jean de Plantavit et Dom Branche sous le nom de *Vetustissima legenda*, nomme ainsi saint Florus : S. FLORUS UNUS EX SEPTUAGINTA DUOBUS CHRIST DISCIPULIS (1). S'agit-il de celle de Bernard Gui ou d'une légende plus ancienne? L'une et l'autre opinion se peuvent soutenir; mais nous n'avons pas besoin de l'adjonction de ce témoignage, ceux que nous venons de produire pour les siècles antérieurs au *Sanctoral* étant formels et parfaitement suffisants.

Il reste donc bien établi que les Bollandistes se sont trompés sur ce point comme sur l'autre, en disant qu'il n'existe aucun document relatif à la personne de Florus avant 1329. La légende du disciplat de ce confesseur avait cours 300 ans avant Bernard Gui, si le moine analyste de 1131 a résumé sans amplification; elle a été mise ou remise en écrit à cette dernière date.

Et je terminais ainsi cette dissertation rectificative ainsi réduite à deux points spéciaux: « En résumé, on le voit, Florus et son église ne sont point une sorte de Pompéi à découvrir, des choses à peine et vaguement accusées dans le lointain au delà de 1329; et, sans parler des pièces soustraites jusqu'à ce jour aux yeux des savants par l'inconnu des archives locales, les cartulaires édités ou inédits, ainsi que les bullaires imprimés sont pleins de notions précises sur leur passé plus ancien... En publiant ces renseignements qui complètent ou rectifient le dernier volume des *Acta sanctorum*, je n'entends pas en inférer que Florus ait été réellement l'un des soixante-douze disciples de la Cène; là n'est pas la question pour le moment. Il s'agit uniquement de fixer l'époque *minima* à laquelle remonte cette croyance d'après les documents au-

(1) Pièces justificatives.

thentiques et, par là même de ne pas laisser s'accréditer l'assertion des *Acta* faisant du *Sanctoral* de Bernard Gui le plus ancien texte connu sur saint Flour, son culte et sa vie, sauf une seule et minime exception. Les Bollandistes de Bruxelles reconnaîtront certainement leur erreur avec la bonne foi qui s'est toujours associée à leur très grand savoir. »

§ II. — D'où provient l'erreur des Bollandistes.

Je viens de lire l'article du R. P. Charles de Smet, directeur de la Société des Bollandistes, paru à Bruxelles dans les *Analecta Bollandiana (t. XIV, 3e fascic.)* au sujet de la courte étude qui précède, publiée en première édition plus compendieuse par les *Annales du midi* (1895). Il appellerait bien de ma part quelques observations sur les critiques de détail, où certaines de mes déductions m'ont paru involontairement tronquées. Sur d'autres points, l'opinion de son auteur et la mienne sont également sujettes à glose. La conclusion finale du Père de Smet me semble un peu exagérée. J'avais même à ce sujet rédigé un article de réponse aux *Analecta*; le savant directeur de cette revue m'apprend, très courtoisement, que ses règlements lui interdisent l'insertion des articles de polémique en dehors du droit légal. Mon droit légal est certain, mais il ne l'est pas davantage que mon désir de n'en pas user; surtout en présence d'une autre lettre du P. de Smet m'annonçant son intention de faire dans le prochain volume des *Acta sanctorum* une notice supplémentaire sur saint Florus où il insérera par textes ou par mentions les documents que mon étude lui a fait connaître.

Je me contenterai donc de prendre acte de ce que les Bollandistes ont loyalement reconnu dans l'article des *Analecta*, ainsi qu'on pouvait s'y attendre, les deux erreurs que j'ai relevées dans leur commentaire de la légende de Bernard

Gui, et qu'ils tiennent ces erreurs pour prouvées par un grand nombre de documents. J'aurais pu en citer d'autres, c'eût été faire, hors de propos, l'histoire de Saint-Flour et de son monastère. Il demeure donc acquis :

1° Que loin d'être le document le plus ancien sur Florus, la notice du *Sanctoral* de Bernard Gui, écrite en 1329 a été précédée de ces derniers documents de 1262 et 1131 environ résumant des actes authentiques des environs de l'an 1000, et où le disciplat de Florus est affirmé ;

2° Que depuis 996 jusqu'à l'érection de l'évêché de Saint-Flour (1317), l'Eglise et le culte de ce saint ne sont pas nommés une fois seulement, comme par hasard, dans *une* charte, mais qu'ils figurent des centaines de fois dans les actes les plus publics et les plus solennels, notamment dans les bulles de dix papes dont huit des x°, xi°, xii° siècles; j'aurais pu ajouter que Jean XXII atteste, comme ses prédécesseurs, dans sa bulle d'érection de 1317, la présence du corps de saint Florus dans la ville qui porte son nom.

La seule faute des Bollandistes est d'avoir suivi la foi de l'abbé Duchesne qui n'a pas été impeccable non plus pour la vie de·saint Amans, patron du Rouergue, ainsi que je l'apprends de Son Eminence le savant cardinal Bourret (1).

Il y a beaucoup à prendre et à apprendre chez l'abbé Duchesne. Il a rendu un éminent service en faisant contrepoids

(1) Dans une longue lettre que ne méritait guère ma plaquette, et que la trop grande bienveillance de ses termes m'empêche de reproduire ici entièrement. Je n'en citerai que ce passage : « La critique de votre étude est rigoureuse et la logique irréfutable... Il va sans dire que vous réfutez amplement l'assertion du « Père » Duchesne qui prétend qu'avant Bernard Gui, ou une charte un peu antérieure on n'avait pas de documents sur saint Florus. Ce brave Père, tout érudit qu'il soit, ne se défend pas assez des théories de l'école hypercritique, et je l'ai déjà trouvé en défaut sur bien des points, notamment sur notre patron saint Amans, dont il vient d'éditer les *Actes* assez légèrement. » (Lettre du 22 février 1896.) — Cependant l'abbé Duchesne utilise parfaitement la légende lorsqu'elle peut venir à l'appui de sa thèse. (Voir entr'autres travaux, son *Mémoire sur l'origine des diocèses épiscopaux dans l'ancienne Gaule*, présenté le 29 juin 1890 à la Soc. des Antiq. de France. (Bull. et Mém. de la Soc. des Antiq. de France, t. X.)

à l'école superficielle qui amalgamait sans discernement la légende et l'histoire; et s'il a dépassé parfois la mesure, c'est que telle est la règle, la raison d'être des contrepoids.

A leur tour, les nouveaux Bollandistes engendreront l'erreur d'autres écrivains. Je ne sais si c'est eux ou l'abbé Duchesne que M. l'abbé Vassal, aujourd'hui membre du Clergé américain, a suivis dans sa récente et brillante étude historique sur le *Célibat des prêtres*, où il a daté du commencement du xive siècle la première notion connue de Florus, d'après ce qui aurait été imprimée avant lui; toujours est-il que son ouvrage a paru deux ans environ après le 63e volume des *Acta Sanctorum* et qu'il n'a pas connu les documents sanflorains accaparés par les Bénédictins des xviie et xviiie siècles. Cela est tombé d'autant plus mal que M. Vassal, qui est de Saint-Flour, eût trouvé là une occasion nouvelle de faire contre les antilégendaires une de ces charges impétueuses, spirituelles et parfois éloquentes dont mainte page de son gros volume est remplie. Priser la légende au point d'en faire de l'histoire et l'excès du mépris, sont deux extrêmes entre lesquels la critique sage peut trouver sa place.

Je me serais volontiers enfin accusé d'avoir parlé de la déception que nous avait causée ici la publication de la *Vita s. Flori* réduite au *Sanctoral* de 1329, si je n'avais engagé par cette confession de trop nombreux et trop hauts complices, entre autres l'évêque de ce diocèse qui, prêchant il est vrai pour son saint, m'écrivait, lui aussi, et en propres termes, sa « déception ». Laissons donc tout cela; n'exagérons ni l'importance de nos additions, ni leur insignifiance; c'est la chose publique qu'il faut voir; et aussi un peu Florus, héros légendaire de la première Eglise, saint certain de l'Eglise du xe siècle et de tous les suivants. Satisfaction sera donnée aux six diocèses où on s'intéresse particulièrement à lui (1), par le prochain volume des *Acta*. On ne peut rien demander de plus

---

(1) Son culte est répandu dans ceux de Saint-Flour, Clermont, le Puy, Mende, Rodez et Montpellier; c'est-à-dire de la Loire à la Méditerranée.

aux savants et dévoués religieux qui, dans un siècle où le monde matériel déborde, se sont attelés là-bas avec peu de bras et peu de fonds, à une œuvre scientifique énorme, universelle, avec un si absolu désintéressement, sans autre mobile terrestre que la découverte de la Vérité, sans autre vision que la gloire de l'Idée catholique dont ils achèvent le panthéon sacré.

§ III. — **La première bulle mentionnant le culte de saint Florus et son monastère est bien de Grégoire V et non de Grégoire VI. — Il est certain qu'il y eut destruction de ce monastère suivie de la construction d'un second plus considérable. — Réfutation de l'opinion contraire.**

Un autre article, certes fort bienveillant, sur la première partie de mon travail, a paru dans la *Bibliothèque de l'École des chartes* après celui des Bollandistes de Bruxelles, dans leur revue des *Analecta ;* son auteur, M. Emmanuel Teilhard de Chardin, ancien élève de cette École, en adopte les conclusions, sauf sur deux points : l'attribution à Grégoire V de la bulle confirmant Odilon, abbé de Cluny, dans la possession du premier monastère du moyen-âge dédié à saint Florus, et la destruction de ce premier établissement remplacé ensuite par un nouveau.

Il n'y eut que deux papes Grégoire sous l'abbatiat d'Odilon à Cluny qui dura de 994 au 31 décembre 1048, jour de son décès : Grégoire V, de 996 à 999, et Grégoire VI du 1er mai 1044 ou 1045 au 20 décembre 1046. M. Teilhard de Chardin pense qu'on doit préférer Grégoire VI, retardant ainsi le document d'un demi-siècle, contrairement à l'opinion des meilleurs critiques bénédictins ; et cette opinion l'a conduit à supposer interpolé le texte du vieux cartulaire de Saint-Flour où il est parlé de la destruction du monastère primitif à propos de la fondation du second sous le règne du roi Robert, mort en 1031. Voici, reproduites dans toute leur force, les raisons qu'il en donne :

1° La bulle du pape Grégoire se rapporte à la donation faite à Odilon, pour son ordre, par Astorg et son neveu Amblard le Mal Hiverné en 1010-1013 (charte 441 du cartulaire de Sauxillanges); Grégoire V était alors décédé; donc la bulle ne peut émaner que de Grégoire VI;

2° Il doit d'autant plus en être ainsi qu'on ne peut admettre que « dans un acte restaurant un monastère moins de 40 ans après la fondation, il ne soit fait mention ni de la première fondation, ni des circonstances dans lesquelles elle a périclité; que, bien plus, on n'y trouve aucune allusion à ce fait que le même abbé Odilon a reçu la première donation comme la seconde »;

3° Dans un passage de l'Epitome ou résumé de l'acte de fondation du monastère consenti cette fois par Amblard Comtour de Nonette, il est question d'une destruction antérieure du monastère. Cela expliquerait tout. Malheureusement ce passage est « interpolé ou retouché ». La preuve évidente en est que, dans la même phrase, Amblard de Brezons annonce son intention de bâtir un couvent où des moines « serviront Dieu dans l'ordre *monastique* » au lieu de le servir « dans l'ordre *canonique*, » ainsi qu'ils le faisaient « avant la destruction du lieu ». En effet, ajoute M. Teilhard, « il n'est pas question de chanoines dans la donation du cartulaire de Sauxillanges (ch. 441) et, *naturellement,* il ne saurait en avoir été question; le passage ne peut donc dater que du XIVe siècle, lors de la sécularisation du monastère, pour décorer du prestige d'une origine antique le chapitre né ou sur le point de naître. » Si j'ai bien compris, « naturellement » signifie dans la pensée de M. Teilhard qu'il y a antinomie manifeste entre moines non sécularisés et chanoines, entre un chapitre et un monastère; qu'on ne peut être les deux à la fois, et que l'incompatibilité des deux fonctions au Xe siècle est un fait trop connu, trop certain, pour avoir besoin d'être démontré;

4° C'est le sentiment de M. Boudet lui-même que l'analyste de l'Epitome « y a mis du sien. »

On ne peut demander à un érudit sincère abordant un compte rendu, même avec des dispositions aussi indulgentes que celles dont M. Teilhard a fait preuve dans son article de la Bibliothèque de l'École des chartes, d'accepter toutes les propositions de l'auteur les yeux fermés, ni même de soumettre les objections qu'il présente au contrôle d'une étude approfondie disproportionnée peut-être avec l'importance du sujet. Mais l'auteur ne peut que lui être reconnaissant de l'occasion fournie de dissiper des doutes dont la possibilité ne lui était pas même apparue. En écrivant, on n'éprouve le besoin de démontrer que ce qui a été nié ou paraît pouvoir l'être. En formulant ses objections, le critique rend donc service à l'auteur; car enfin si elles ont pu naître dans l'esprit d'un homme d'instruction supérieure et plutôt ami, c'est que d'autres, à plus forte raison, les auraient pu concevoir. Comme elles mettent en jeu, non seulement le culte de Florus au x° siècle, mais l'authenticité partielle de l'un des documents les plus graves de ce culte en même temps que le témoignage le plus ancien des origines de la ville, il y a intérêt à ne pas les laisser derrière nous. Je vais donc répondre à celles de M. Teilhard de Chardin avec la même liberté, le même et seul amour du vrai; l'autorité scientifique de la revue dans laquelle il les a produites, m'en fait une obligation.

Faisons la part belle à l'opinion émise dans cet article, et laissons de côté les arguments divers de synchronisme que l'on peut tirer des noms multiples figurant dans la bulle en question, pour n'examiner que ceux fournis par le seul passage relatif au « au monastère d'Auvergne où repose le corps de saint Florus, » et par les documents des cartulaires qui le corroborent.

D'abord rien n'autorise à dire que la confirmation du pape Grégoire s'applique au don de 1010-1013, ce qui serait juger la question par la question; et tout fait présumer le contraire. Il n'y a identité ni dans l'objet ni dans les donateurs.

Dans la bulle papale, il est question d'un petit monastère, *cella*, la donation de 1010-1013 porte sur une *ecclesia*. Ce dernier terme, lorsque l'acte ne contient aucune trace de moines ou de chanoines, et c'est notre cas, n'a presque jamais un sens générique ; il signifie église ordinaire ou paroisse. Tel est bien l'avis de Du Cange (*verbo Ecclesia*), confirmé chez les modernes par la pratique des anciens documents hagiologiques. M. Jean Guiraud exprime la même opinion dans une savante étude toute récente et qui me tombe sous les yeux au moment de la correction des épreuves (1). Le monastère ne se conçoit pas sans une église ou une chapelle ; l'église ou la paroisse s'entendent fort bien sans monastère ; il y avait même entre 996 et 1046, beaucoup plus de chapelles et d'églises sans monastère qu'il n'y en avait doublées d'un couvent. La bulle ne visant qu'une *cella*, un *monasteriolum*, il n'est pas permis d'affirmer qu'il s'agissait d'une église ou d'une paroisse. La différence dans l'objet donné se prête au contraire parfaitement à la destruction d'un premier monastère coïncidant avec la conservation du sanctuaire où l'on gardait le corps du saint, ce qui est l'espèce de nos documents. Il est, en effet, prouvé par les analyses du vieux cartulaire de Saint-Flour que « le corps du bienheureux Florus reposait dans la villa de Saint-Flour, » après l'usurpation des lieux déjà donnés à Saint-Pierre de Rome et à Cluny, et avant la construction du grand monastère, par suite de l'ultime restitution des seigneurs laïques (2). On ne peut guère supposer le corps du patron du pays reposant autre part que dans un bâtiment sacré pendant un intervalle de vingt à trente ans. Les seigneurs n'avaient plus à donner en 1010-1013 le couvent, s'il n'existait plus ; mais ils pouvaient encore céder l'église par eux

(1) *Saint Dominique et la fondation du monastère de Pouille (Revue historique, 1897*, tome LXIV, p. 231).

(2) L'*Epitome*, § 1er, et l'*Inventoria* concordent sur la constatation de ces faits. (Pièces justificatives).

respectée, et qu'ils avaient eu un manifeste intérêt à respecter.

D'après la bulle que j'ai datée de 996-999 avec les Bénédictins, Astorg donne seul ; dans l'acte de 1010-1013, Amblard se joint à son oncle Astorg pour donner. Il est même le principal donateur, puisqu'il est le seigneur principal ; qu'Indiciac ou Saint-Flour est son « alleu » et que les autres possesseurs n'y sont que ses vassaux, incapables de disposer sans son assentiment, d'après la loi féodale, spécialement observée sous le roi Robert (1). Ainsi, dans le second acte, accord du vassal avec le suzerain, octroi formel de son autorisation, simultanéité des deux consentements ; dans le premier, rien de tout cela.

A nous en tenir aux actes tels qu'ils nous sont parvenus, Amblard pouvait se considérer comme nullement tenu de respecter la donation émanée d'Astorg seul, avant 996-999 ; ce qui explique, soit dit en passant, qu'il ait occupé les armes à la main le monastère et soit entré, par là même, en conflit avec l'autorité religieuse. Il ne se désista de ses prétentions et de tous ses droits que par une troisième donation, la dernière en date, à une époque se rapprochant de la fin du règne de Robert (1031) et du commencement de l'épiscopat de Rencon en Auvergne (1028), car la ratification du roi et de l'évêque en fut l'épilogue (2). A partir de ce moment (1025 environ à 1031), le dessaisissement du seigneur et du vassal fut total et effectif, le point est également acquis, il n'est pas même discuté. Ni les Brezons, ni leur suzerain le Comtour de Nonette n'eurent plus rien à donner dans Saint-Flour. La donation d'Astorg seul est donc antérieure à 1031 ; elle l'est même à la donation plus complète de 1010-1013, sans

(1) M. Luchaire en a cité des preuves dans son étude sur les Institutions de la France sous les premiers Capétiens. La fondation de Saint-Flour en est un exemple topique, puisque la confirmation du roi Robert fut jugée nécessaire. Il en fut de même quelques années après pour la grande donation de fiefs à l'abbaye de La Chaise-Dieu sous son successeur Henri, dont la confirmation fut accordée en 1052.

(2) *Inventoria.*

quoi c'eût été celle-là que le pape Grégoire VI eût confirmée en supposant surtout, comme le fait à tort M. Teilhard, que l'une et l'autre avaient le même objet.

L'antériorité se déduit encore de ce fait que, d'après d'autres actes, Astorg, oncle d'Amblard, seigneur de Nonette, qui prit le titre de Comtour entre 1010 et 1031, vivait réellement en 999 sous Grégoire V avec le dit Amblard de Nonette son neveu; et qu'ils ont fait ensemble d'autres libéralités au même Odilon, abbé de Cluny, dans la terre de Nonette.

C'est ainsi que, dans la 282ᵉ charte du cartulaire de Sauxillanges, nous voyons Astorg donner à Odilon « du consentement de son *neveu* Amblard » pour l'âme de cet Amblard, la sienne, celles de son père et de ses frères, des biens situés dans la viguerie d'Usson, limitrophe de Nonette, et cela en « la quatrième année du règne du roi Robert, » qui correspond précisément à l'année 999, la dernière du pontificat de Grégoire V et l'une de celles où l'attente de la fin du monde a déterminé le plus de libéralités de même nature (1). Par la charte 447 du même recueil, Astorg, surnommé là « le Taureau rouge, » gratifie encore le même abbé de Cluny de biens situés dans la viguerie de Nonette.

Par le même acte, Amblard « approuve et confirme » cette donation comme il l'a fait pour la précédente ; il l'augmente, en outre, de ses possessions directes d'Aulhat situées dans la viguerie même de Nonette. Il souscrit le premier, avant Astorg, ainsi qu'il est d'usage pour le suzerain (2). Si l'on

---

(1) « ..... Ego... *Eustorgius*... dono... Celsiniacensi cœnobio *cui prœest dominus abbas Odilo*, aliquid de rebus meis quæ sunt sitæ in vicaria Ucionensi... pro anima mea et... *nepotis mei Amblardi qui hanc eleemosinam consensit facere*... Sig. *Eustorgii* et *Amblardi nepotis ejus* qui hanc eleemosinam fecerunt et *formaverunt*... Datum mense augusti die dominica, *regnante Rotberto rege, anno IIII.* » — Quel que soit le mode de datation qu'on adopte pour le commencement du règne de Robert, on ne peut dépasser 1002 ou 1004. (*Cartul. Saux.*, ch. 282.)

(2) ..... Ecclesiæ... Celsiniensis cœnobii... quam regit domnus abbas

rapproche ces documents (ils ne sont pas les seuls) de la charte de 1010-1013 (441 du même cartulaire), la dernière où paraisse Astorg et où il donne avec « Amblard, surnommé le Mal Hiverné, *son neveu,* l'église dédiée au bienheureux saint Florus construite au pays de Planèze sur la montagne d'Indiciac » ; si on la compare également aux chartes de fondation définitive du vieux cartulaire de Saint-Flour de 1025 environ à 1031, où l'on voit qu'Amblard de Brezons a succédé à Astorg comme seigneur utile à Indiciac et comme vassal en ce lieu d'Amblard, seigneur de Nonette, alors revêtu de la qualification de comtour, il en ressort que les personnages ou les familles sont les mêmes dans ce groupe de chartes du règne de Robert (1). Il s'ensuit qu'Astorg, surnommé le Taureau Rouge, est bien l'oncle d'Amblard le Mal Hiverné ; qu'il a donné avant Amblard de Brezons son fils, et que c'est Grégoire V et non Grégoire VI qui a confirmé Cluny dans la possession de la *cella.*

Si l'on voulait argumenter de ce que ces sobriquets de Taureau Rouge et de Mal Hiverné ne sont donnés à chacun qu'une fois dans les actes, il suffirait de rappeler qu'il en fut de même des surnoms des seigneurs, des comtes d'Auvergne, de Poitou, de Toulouse, d'Anjou, des sires de Bourbon, des ducs d'Aquitaine, de Bretagne, de Normandie et autres grands feudataires, des empereurs et des rois de France eux-mêmes. Les surnoms de Plantevelue, le Pieux, Mauvais Ménager, en

---

Odilo, ego... *Amblardus* cedo (biens situés à Aulhat)... Cartam autem quam fecit *Eustorgius, Cognomento Taurus Rubicundus,* de clauso et maisnile quod est situm in Berlerias, Domino Deo et Sancto Petro, *laudo et confirmo.* Sig. *Amblardi* qui hanc donationem fecit. Sig. *Eustorgii.* Sig. Asterii (Ch. 447 Sauxillanges). — *Berlerias* est dit situé *in vicaria de Castro Nonatense* dans la charte 118 et autres du même cartulaire. Aulhat est placé *in vicaria Nonatensi* par les chartes 98, 117 et 222.

(1) Mêmes prénoms à chacun, même degré de parenté ; convenance d'époque ; possessions aux mêmes lieux ; même relation de vassal à suzerain, très topique parce qu'elle se produit à Nonette comme à Indiciac et qu'elle est rare d'oncle à neveu ; enfin même monastère gratifié sous le même abbé dans les deux terres.

Auvergne; de le Grand, du Montet, le Blanc, en Bourbonnais;
de Tête d'étoupes, Taillefer, Grisegonelle, le Débonnaire, le
Gros, le Chauve, le Simple, d'Outremer, le Fainéant, etc.,
etc., historiques dans les autres provinces et sur le trône, sont
loin d'être répétés dans tous les actes contemporains de ceux
qui en furent affublés; le plus souvent ils n'apparaissent
qu'une fois, et dans les actes émanés des surnommés eux-
mêmes, plusieurs ne l'ont jamais pris.

Quant au titre de comtour, s'il apparaît pour la première
fois sur la tête d'Amblard, seigneur de Nonette, vers le milieu
du règne de Robert, il n'y a pas à s'en étonner davantage;
Amblard est le premier baron connu, non seulement d'Auvergne mais de France, qui ait pris ce titre féodal venu de la
Marche d'Espagne (1); son fils et ses descendants le portèrent
ensuite sans interruption pendant près de deux siècles; et les
comtours de Nonette ne cessèrent qu'après la prise de Nonette
par Louis le Jeune et aux environs de la confiscation de ce

_____

(1) Leur rang, d'après les coutumes de Barcelone (1078), les place
dans la hiérarchie féodale immédiatement après les vicomtes et avant
tous les autres seigneurs ou barons. L'indemnité pour le meurtre d'un
seigneur est fixée à la moitié de celle due pour un comtour, et celle du
meurtre d'un comtour à la moitié de celle d'un vicomte, etc. Ce titre était
tout aquitain au xi° siècle; dans la direction de la Marche d'Espagne au
nord de la France par Toulouse, Clermont, il n'y en eut pas au delà de la
banlieue méridionale de Clermont, et on n'en trouve en Auvergne que dans
l'ancien comté de Talende qui s'arrêtait au nord à la montagne de Gergovia où il rencontrait le comté de Clermont; le comté de Talende, gîte
d'origine de tous les comtours d'Auvergne, comprenait notamment les
cantons de Veyre-Monton, Saint-Amant-Tallende, dans l'arrondissement
de Clermont, une grande partie des arrondissements d'Issoire, Murat,
Mauriac, et presque tout celui de Saint-Flour. Attribué, lors du partage de
l'Auvergne à la mort d'Acfred II (927), aux comtes de Toulouse dont les
États confinaient au sud ceux des comtes de Barcelone, sujets comme eux
de la couronne de France, il n'est pas autrement surprenant que le titre
de comtour fût parvenu par là dans le comté de Talende aux environs de
l'an mille. Les seigneurs aquitains prirent souvent du service dans les
armées des comtes de Barcelone, et le comte Borel vint de sa personne à
Aurillac. En France, en Auvergne comme ailleurs, le comtour occupe le
même rang féodal, il souscrit toujours après le comte ou le vicomte et
avant tous les autres. Le premier comtour que l'on connaisse chronologiquement en France et hors de l'Auvergne, après le comtour de Nonette,
est le comtour de Chamboulives en Limousin (1051). En Auvergne, les

fief par Philippe Auguste lorsque ses troupes s'en furent emparées de nouveau (1212-1213), pour faire place aux comtours seigneurs d'Apchon leurs dérivés, et à beaucoup d'autres comtours. De même les prénoms d'Astorg et d'Amblard qu'ils tenaient de leurs ancêtres se transmirent héréditairement chez les seigneurs de Brezons et les comtours de Nonette à partir du millénaire. Pour Amblard Iᵉʳ de Brezons il serait assez naturel qu'il eût reçu le sien du premier comtour de Nonette, sorte de roitelet des montagnes dont la puissance fut considérable sous le roi Robert.

Il est inadmissible, dit-on, que dans l'acte de restauration d'un monastère détruit moins de quarante ans avant, il ne

comtours de Gignat près de Nonette, les comtals de Bansac près Nonette aussi, sont à peu près de la même époque ; ceux de Murol dans la montagne d'Issoire paraissent vers la fin du xiᵉ siècle. Leurs fiefs sont vraisemblablement des démembrements du comtoirat de Nonette. A ce moment on en trouve d'autres en Rouergue, en Languedoc ; la mode du titre se répand. « Les Comtors » figurent dans les chants des troubadours des xiiᵉ et xiiiᵉ siècles. Le premier *Comtor* connu de Haute-Auvergne est le comtour de Dienne, près Apchon en 1175-1186 (Cartul. d'Obazine). Le suzerain des montagnes du Limon autour d'Apchon est alors Guillaume Iᵉʳ *comtorus de Noneta* (même cartul.). On n'a cité jusqu'à ce jour aucun document de comtours d'Apchon avant la minorité de saint Louis. Apchon (arrondissement de Mauriac) devint le chef-fief des comtours seulement après que Nonette fut sorti de leurs mains, et une demi-douzaine d'autres comtoirats parurent vers cette époque dans le même arrondissement.

Le coutumier Chabrol (verbo Apchon IV, *Cout. d'Auv.*) en suivant Expilly et quelque correspondant mal informé de *l'Art de vérifier les dates*, Bouillet en reproduisant Chabrol, ont accrédité deux erreurs : 1° en attribuant le nom de comtours d'Apchon aux comtours de Nonette des xiᵉ et xiiᵉ siècles qu'ils ont ignorés et notamment à notre comtour Amblard donateur d'Indiciac ; 2° en faisant dériver d'une fonction financière leur nom qui était un titre féodal et terrien. La première forme dans les actes est *comtor, comtorus, comitor. Comptor* est une variante de déviation analogue à celle de « compte » qu'on trouve à la fin du moyen-âge pour « comte ». Le *comitor* était au comte ce que le *comes* était au roi, le vassal accompagnant le suzerain à la guerre et au plaid. On trouvera dans une note des *Registres consulaires* de Saint-Flour, en ce moment sous presse, les preuves de tout ce qui précède. Il en résulte une confirmation énergique, en outre de bien d'autres circonstances, de l'authenticité des actes résumés dans l'*Inventoria* et l'*Epitome*. Amblard le Mal Hiverné et Amblard comtour de Nonette sont bien un seul et même personnage.

soit pas fait mention de la destruction du monastère primitif.
Cela est non seulement admissible, mais rentre dans un cas
très connu, on peut ajouter fréquent. Les donations produites
par une impression momentanée de piété, de remords ou de
crainte, puis violées ou simplement inexécutées sont bien
nombreuses du x⁰ siècle au milieu du xiv⁰ siècle, et il s'en
faut que les actes de restauration par donations nouvelles
fournissent toujours l'historique des tribulations antérieures
qu'on connaît souvent par d'autres actes. L'aveu explicite et
le récit détaillé de ces violations de dons anciens est l'exception dans les chartes des cartulaires. Elles se rédigent avec
les mœurs du temps, non avec celles du nôtre où les notaires
établissent soigneusement les origines de propriété. L'Eglise
avait quelquefois la plus grande peine à faire rendre gorge
aux magnats de l'an mille, malgré son arme de l'excommunication, à cause de leur force, de l'impuissance et de l'éloignement du pouvoir royal, de l'anarchie qui en résultait, des
calamités affreuses qui leur faisaient garder ou reprendre ce
qu'ils avaient donné. L'histoire de la fondation de Saint-Flour
en est un exemple frappant. Blesser leur orgueil en inscrivant
en tête de l'acte la narration exacte des donations méconnues,
des brutalités commises eût été un mauvais moyen avec un
comtour qui, après avoir, par deux fois bien démontrées,
donné ou promis de donner au pape lui-même, « bronche »
encore lorsque, revenu en France, il approche de Cluny où il
doit s'exécuter. C'était déjà bien beau d'obtenir une cession
dans ces cas-là ! L'usurpateur sacrilège n'acceptait générale-
ment de souscrire de son sceau cette note d'infamie que
lorsqu'il était un repentant confondu de sa faute, un homme
sur le point d'entrer dans le cloître ou dans la tombe.

Encore n'étaient-ils pas tous de mauvaise foi. Beaucoup
excipaient de ce qu'ils n'avaient pas ratifié le don émané de
leur vassal ou de leur parent, de droits dont on ne pouvait
disposer sans eux ; dans la charte 752 de Sauxillanges, un
seigneur d'Auvergne invoque formellement ce grief vers 1126.
D'autres s'abritent derrière la nécessité où ils sont de repren-

dre à l'Eglise leurs libéralités ou celles de leurs ancêtres, lors
de cette formidable accumulation de fléaux du commencement du xi⁰ siècle où l'on vit saint Odilon lui-même et ses
frères, fils du « richissime et puissantissime » Béraud de
Mercœur, s'excuser en 1025 de n'avoir pu mettre plutôt à
exécution leur ancienne convention de fonder un monastère
dans leur bourg de La Voûte, sur ce qu'ils en ont été « empê-
chés par la cruauté des événements et l'excès des infortu-
nes » (1). Maurice, *nobilissimus vir*, cinquième fils de Hugue
d'Usson et tige des seigneurs de Montboissier, s'empare au
xi⁰ siècle des redevances de Sillanges et usurpe le village de
Pomairol, donné par sa famille au monastère de Sauxillanges,
et couvre de destructions « presque toutes les terres du couvent » pendant le conflit que fit naître son usurpation. Je cite
ce cas parce qu'il est une des exceptions très rares où nous
connaissions les motifs, mal fondés sans doute, mais invoqués
de bonne foi par le baron. Il met au surplus en scène le même
monastère, le même Odilon et un optimat presque de même
envergure que le comtour de Nonette, patron héréditaire
comme lui de Sauxillanges. Savez-vous ce que décidèrent les
prud'hommes à qui la difficulté fut soumise? Que la violation
du don avait été rendue licite chez l'envahisseur par la nécessité « de se substanter (2) et d'apporter à leurs ressources
un léger supplément que la supériorité de leur naissance pa-
raissait légitimer, *se putantes esse superiores* ». Odilon pro-
testa, cela va sans dire, contre une doctrine de morale
courante, une opinion « de vaine gloire » ajoute-t-il, qui eût
été la ruine de ses monastères, et il traita personnellement à
Sauxillanges avec Maurice (3). On voit comment les mêmes
objets pouvaient donner lieu à des donations successives. Ici

(1) *Acerbissimis casibus et infortuniis* (charte de fondation de la
Voûte, *Annales bénédictines*, publiée à nouveau par Auguste Chassaing,
Spicilegium Brivatense à la date).
(2) *Causa sustentationis* (ch. 636 du cartul. de Sauxillanges). V. à
l'appui ce que Raoul le Glabre dit des malheurs de ce temps.
(3) Même charte.

la nécessité de l'entretien, là les nécessités de la défense ; ailleurs des difficultés naissant d'améliorations faites sur le fonds usurpé, ou de droits partiels d'un tiers sur l'objet donné. En dehors des cas de cupidité pure, il y avait encore les seigneurs qui avaient construit, amélioré, augmenté la valeur de l'objet usurpé, et ceux qui étaient propriétaires déjà d'une partie de cet objet; en abandonnant le tout, ceux-là faisaient réellement acte de donateurs pour partie ; et on n'entrait pas toujours dans la définition de ces actes mixtes. Quand on étudie les nombreuses chartes du xᵉ siècle aux premières croisades, on s'aperçoit qu'il est souvent difficile de discerner la donation pure et simple d'avec la restitution ou même d'avec la vente. *Reddo, restituo* ne sont pas toujours employés dans les cas de restitution, mais aussi *do, dono, dimitto* ; le seigneur donne ses prétentions ; le désistement des droits qu'il dit ou croit avoir. Les cartulaires renferment une masse d'actes extrêmement concis se bornant à constater la démission du détenteur, la tradition d'un objet au moment des croisades ; la plupart sont des ventes pour s'équiper; le seigneur donne sa terre, le monastère donne son argent, mais le prix très souvent n'y est pas indiqué et on emploie la forme et les mots de la donation, *dono, donavit*, parce que la donation emporte un dessaisissement plus sûr pour le monastère, à l'abri de toutes contestations ultérieures sur la vilité du prix, le droit de rachat, et que de plus la forme de la libéralité laisse le mérite au cédant, avec associations aux prières, effet que les restitutions et les ventes ne produisent pas de droit. Ce n'est donc pas sans quelque imprudence que du silence d'une donation de ce temps sur l'historique des événements qui l'ont précédée et les donations antérieures affectant les mêmes biens, on peut conclure formellement à l'inexistence de débats ou de dons primitifs.

Ce que nous en disons là, est pour vider la question en principe; car le récit exigé par M. Teilhard, les textes de l'*Inventoria* et de l'*Epitome* le contiennent. Dans l'acte de 1010-1013, Astorg et son neveu Amblard y font d'abord une vague allusion en donnant l'église dédiée à saint Florus dans le village d'Indiciac avec le fief qui en dépend, « pour se laver de leurs crimes » (1). Les actes de restitution et d'évacuation finales dont le monastère conservait les instruments se sont chargés de compléter en narrant quels étaient ces crimes. Le plus grave, à coup sûr, était le renversement de l'ancien monastère (2). Amblard de Brezons, l'un des fondateurs du nouveau le rappelle : *antequam facta fuisset loci destructio*, avoue-t-il (3). M. Teilhard suppose ces cinq mots ajoutés après coup, par une raison que nous verrons tout à l'heure peu fondée. Mais ils reçoivent de divers autres passages une confirmation trop claire pour qu'on puisse révoquer en doute le fait qu'ils expriment. Dans le second paragraphe de l'*Epitome*, Amblard de Brezons fait observer à deux reprises au comtour Amblard, son suzerain, qu'il a « *envahi, usurpé injustement* » le lieu de Saint-Flour ou Indiciac (4); il lui reproche de s'être emparé des biens soumis à un aussi grand patron qu'un disciple du Seigneur. Il y a « *casé lui et beaucoup d'autres de ses chevaliers* », ajoute-t-il; et plus loin : « *il en a distribué les terres à ses chevaliers* », c'est-à-dire qu'il leur a cédé en fief les terres dépendant auparavant du monastère de saint Florus, à charge de relever de lui. Il raconte dans le premier paragraphe de l'*Inventoria* que lorsqu'il a voulu construire un monastère à Saint-Flour pour « *rendre à Dieu* la terre qu'ils ont acquise *de bien des façons* (5) », il est allé trouver son seigneur le comtour de Nonette « qui détenait en alleu ce que, lui, possédait en fief » à Indiciac, et qui lui était, par ce motif, indispensable.

— « Indiciac est votre alleu, lui dit-il (6); *c'est à cause de*

---

(1) Laborandum est qualiter *facinora nostra* valeamus tergere (ch. 441, Sauxill.) V. Pièces justificat.

(2) A ce moment Guillaume Brunet n'était pas encore assassiné par le comtour Amblard et le nouveau monastère pas encore fondé.

(3) Premier paragraphe de l'*Inventoria*.. V. Pièces justificat.

(4) Quamvis *injuste usurpasset... injuste pervasum.* (*Epitome.*)

(5) Quomodo *reddamus Deo*; nos enim *multis modis* acquisimus honorem.

(6) Il ne faut pas oublier que dans la terre d'Indiciac Amblard de Nonette et les seigneurs de Brezons avaient des biens héréditaires en

cela que vous devez (1) l'abandonner au service de Dieu, de Saint-Pierre de Rome et de saint Florus, *car c'est une grande iniquité que ce qui appartient aux saints nous les en dépouillions* (2). » Ce passage est évidemment une allusion à la donation de 1010-1013 où les seigneurs avaient délaissé « à Dieu, aux saints apôtres Pierre et Paul *et* au lieu de Sauxillanges » l'église de saint Florus à Indiciac avec son fief (3). Ces dons au siège de Rome directement étaient si peu rares que, dans son ouvrage sur les cens pontificaux, M. Paul Fabre a consacré un long chapitre à ce sujet : « Les églises et les monastères offerts à l'Apôtre » (pages 32-115) (4). Amblard de Brezons presse encore vivement le comtour de se démettre de sa seigneurie « *pour le salut de son âme et le pardon de ses fautes.* » Son suzerain lui signifie que « ce qu'il tient il le gardera (5) ». Et lui de répliquer, changeant de ton : — « Ce que tu tiens n'est pas ton alleu, *c'est celui de Dieu et de son apôtre Pierre, le siège de Rome peut seul en disposer* (6). » Cependant le com-

outre de ceux qu'ils avaient usurpés sur le monastère de saint Florus. Cela résulte de la chartre 411 de Sauxillanges (1010-1013) où le Mal Hiverné et Astorg de Brezons disent en donnant l'église qu'elle est « *aliquid ex rebus a progenitoribus nostris traditis.* D'ailleurs l'usurpateur se substituait au dépouillé ; s'il s'emparait d'un alleu, cet alleu conservait son caractère allodial entre ses mains et ne relevait que de Dieu, puisque l'occupant supprimait son prédécesseur. Telles étaient leurs prétentions, analogues à celles des comtes et vicomtes de la révolution féodale qui se dirent « par la grâce de Dieu ».

(1) *Propter quod debetis. (Invent.* § 1.)

(2) *Et est magna injuria quod honores qui in hoc mundo debentur sanctis, nos auferamus ab eis* (Ibid.). L'honneur dans la langue féodale du temps ce n'est pas les honneurs, les hommages, le culte, c'est la terre féodale, le fief.

(3) La conjonction « et » prouve que le saint Pierre dont il s'agit n'est pas saint Pierre de Sauxillanges, mais saint Pierre de Rome. Ce qui est est établi : 1° par le passage formel de l'*Epitome* cité quelques lignes plus bas ; 2° par la redevance de cinq sous que le comtour promit de servir annuellement au Souverain Pontife (*Inventoria*) ; 3° par la lettre que le prieur de Saint-Flour, Pierre de Saint-Haon, écrivit en 1262 au pape Urbain IV (Pièces justific.). Ce fut toujours la tradition de l'Église sanfloraine.

(4) *Liber censuum et l'Eglise romaine.*

(5) *Acquiescere noluit ut, quod tenebat, dimitteret. (Epit.,* ibid.)

(6) *Allodium suum non esse, sed Dei, ejusque Petri apostoli, ad privilegium (romanæ) sedis pertinens. (Epit.,* § 2.)

tour s'emporte; Amblard de Brezons conclut : — « Pour moi,
qui tiens ce lieu de toi à hommage, je te déclare que je te
laisserai désormais la *culpabilité* à toi seul, tant que tu con-
serveras *au péril de ton âme* ce lieu soumis à un si grand
patron *si injustement envahi* et distribué à tes chevaliers. »
Il échoue. Le comtour lui défend de lui plus jamais parler
de cette affaire. Ces textes s'accordent bien avec la destruction
du premier monastère, la dispersion des moines; ils prouvent
que la construction du second monastère eut le caractère
d'une restitution.

Il fallut un nouveau méfait du comtour, l'assassinat de son
cohéritier Guillaume dit le Brun ou Brunet, pour amener le
coupable excommunié, devenu un objet d'horreur, à se rendre
à Rome pour y solliciter l'absolution de ses crimes refusée par
l'évêque, et qui ne lui fut accordée par le Souverain Pontife
que sous la condition de l'abandon à l'Église non seulement
de ce qu'il avait usurpé à Indiciac, mais de tout ce qu'il y
possédait en propre. En vertu d'un acte passé à Rome « le
lieu de Saint-Flour » appartint ainsi tout entier au Pape qui
le céda ensuite à Odilon pour son ordre (1). Le Pape les con-
damna aussi à y ériger à leurs frais une église en l'honneur
du Saint-Sauveur et de saint Flour (2), soit que dans les
dernières guerres l'église existante en 1010-1013 eût été
détruite, soit qu'il s'agisse d'une basilique plus vaste que
l'oratoire primitif. Alors les deux Amblard s'entendirent pour
« édifier un monastère à Indiciac (3). »

Après de nouvelles tentatives de l'obstiné comtour Amblard pour se soustraire encore une fois à l'exécution de ses
engagements, malgré la solennité de la troisième et dernière
donation faite à Rome par lui et Amblard de Brezons au
Pape lui-même, Odilon arrive enfin à obtenir la délivrance
réelle d'Indiciac qui commençait alors à s'appeler Saint-Flour.
Elle s'opère suivant les formes ordinaires de la tradition

(1) *Epitome*, troisième paragraphe.
(2 et 3) *Inventoria*.

symbolique léguée au moyen-âge par le droit romain. Les deux barons se présentent à la porte de l'enceinte, demandent au prieur, comme des passants, du pain et de l'eau qu'ils vont manger et boire en dehors à l'ombre d'un frêne. C'était manifester à tous matériellement qu'ils n'avaient même plus le droit de mettre le pied dans la ville et qu'ils n'étaient plus pour elle et pour son monastère que de simples étrangers.

Ils ne conservèrent pas plus le château que le reste. Il est certain, par d'autres nombreux documents des archives de Saint-Flour cités dans cette étude, que le château, qui fut construit à Indiciac par le comtour et son vassal entre la destruction du premier monastère et la construction du second, portait le nom caractéristique de Brezons; qu'il le conservait encore aux XIV° et XV° siècles. Cette forteresse, dite de Brezons, s'élevait sur le mur d'enceinte, à l'extrémité du promontoire de rochers. Elle confinait à l'église où reposait le corps de saint Florus et aux bâtiments du monastère, presque certainement sur l'emplacement exact du premier.

Ce n'est pas tout. La destruction d'un premier monastère si formellement affirmée par ces textes où tout se tient, cadre à merveille avec d'autres documents. Nous sommes avec leur date au milieu de la révolution féodale du troisième degré qui bat son plein en Auvergne, sous le roi Robert. C'est le moment où les magnats usurpent les droits du roi, du comte, de l'Eglise dans les vigueries carlovingiennes, comme le comte l'a fait sur l'empereur Charles le Chauve, et comme les vicomtes et leur famille l'ont fait sur le comte entre 927 et 965 environ. Dans chacune de ces vigueries, circonscriptions toutes prêtes, où ils possèdent quelques alleus privés (1), ils veulent se faire une petite souveraineté et se taillent un domaine régalien le plus grand possible ; mais ils se trouvent en conflit avec d'autres magnats leurs voisins animés de la même ambition ; c'est alors au plus fort,

(1) C'est le cas pour la famille du comtour Amblard, héritier probable du vicomte de son nom vivant en 965 et mort vers 976.

et les combats en décident. Mais l'extrême morcellement du sol, l'enchevêtrement des parcelles attestés par d'innombrables actes des cartulaires, jettent forcément et à chaque pas les barons sur les terres d'Eglise qui sont dévastées comme les autres, les gens de guerre en campagne vivant sur l'habitant et marchant la torche à la main ; et si un monastère est bâti dans une position maîtresse, on pense bien qu'ils ne se font pas plus de scrupule de l'occuper que nos armées dans les guerres modernes, avec cette différence que l'Etat moderne rend ou indemnise après la guerre.

Les vassaux d'Eglise prennent les armes, l'excommunication les précède ; et celui-là même des seigneurs laïques qui n'était pas parti en guerre contre l'Eglise se trouve en lutte avec elle, luttes faites de pillage et de destruction.

Amblard, comtour de Nonette, est un des types de fondateurs de dynastie du temps ; violent et brutal, il ne recule devant rien pour atteindre son but. La position du monastère d'Indiciac a pour lui une valeur stratégique énorme. Du haut de son promontoire, elle commande les faubourgs, trois vallées se réunissent à ses pieds, la route de Lyon à Toulouse et l'une des routes de Clermont au Midi. Elle relie ses possessions du bas comté de Talende à ses possessions du Rouergue ; elle fait face à l'un de ses plus redoutables voisins, Pons, comte de Gévaudan et de Forez, qui occupe en face, de l'autre côté de la vallée de l'Ande, la haute position de Faverolles dont il paraît, lui aussi, avoir usurpé l'église (1). Elle est nécessaire à Amblard de Nonette au moment où il organise de toutes pièces, aux dépens de la viguerie de Planèze ou de Valuégeol, un grand fief de huit ou dix lieues de long, s'étendant de la Margeride et du Brivadois jusqu'à Saint-Urcize aux confins du Rouergue et du Gévaudan.

Ces généralités mises de côté, nous savons par d'autres actes précis qu'à cette même époque la Planèze, les environs

(1) Pons ne s'en dessaisit qu'en 1010 au profit du chapitre de Brioude (Cartul. de Brioude).

de Saint-Flour notamment, furent le théâtre de grandes destructions où les biens d'Église ne furent pas ménagés par les seigneurs locaux. Les nouveaux livres de Miracles de Sainte-Foi de Conques, rédigés par Bernard, capiscole d'Angers, vers 1015-1018, et découverts depuis peu dans les manuscrits de la bibliothèque de Schelestadt, ne laissent aucun doute à ce sujet (1). Ils parlent des usurpations et des violentes guerres féodales qui ensanglantaient la Planèze à ce moment même; ils nomment même le chef de l'un des partis. C'était, disent-ils « un chevalier appelé Amblard et demeurant en Planèze... *Quidam miles nomine Amblardus manens in Planezia,* » ayant de nombreux « chevaliers » sous ses ordres. Il y guerroyait avec eux contre des voisins qui résistaient « à sa puissance », incendiant les villages, ceux de l'Église compris. Si de Saint-Flour même les Miracles ne parlent pas, c'est que sainte Foi, dont ils s'occupent exclusivement, n'y possède rien; mais de ceux qu'ils nomment il en est tout autour de Saint-Flour, dans sa banlieue. L'intervention de la sainte opère un miracle pour soustraire « aux chevaliers d'Amblard » son village de Pierrefiche (commune d'Oradour en Planèze, entre Saint-Flour et Pierrefort) (2). Elle en fait un autre pour délivrer le prisonnier d'un seigneur du pays. En voyant de lourdes chaînes que les ouvriers de Conques travaillaient à la forge pour pouvoir les sceller aux murailles de la basilique de Sainte-Foi, en ex-voto, le capiscole Bernard s'informe des noms, lors de son pèlerinage de 1010-1015 — « Je n'ai pu apprendre, ajoute-t-il, le nom de l'homme dont je voyais ainsi les énormes chaînes, parce que son évasion était récente et qu'on l'ignorait encore; mais

---

(1) M. l'abbé Servières, curé de Villecomtal (Aveyron) auteur d'une *Vie de sainte Foi* aidé d'un prêtre savant de Paris est, en ce moment, occupé à leur publication dans un nouveau travail. En échange des renseignements assez nombreux que j'ai été heureux de lui fournir, il a bien voulu m'envoyer la copie littérale de ces nouveaux livres de Miracles, pour ceux du moins qui ont eu lieu en Planèze.

(2) *Miracula S. Fidis,* lib. V, n° 13 (ms de Schelestadt).

le château d'Auvergne d'où il s'était évadé se nomme Brossadol, et le seigneur du lieu Aimon (1).

Il y est question aussi de faits de guerre ou de violences dans les châteaux de Châteauneuf (2), de Valeilles (2), de l'occupation des terres du seigneur de Granson (2) « magnanime chevalier ». Or, Aimon de Brossadol, Albuin de Brossadol et Bertrand fils d'Aimon, ainsi que les seigneurs de Granson et ceux de Châteauneuf figurent parmi les *principes* de la terre d'Indiciac qu'Odilon fit convoquer entre 1025 et 1031, à Saint-Flour, en revenant de Rome, pour compléter la donation de leurs suzerains les deux Amblard par le don de leurs fiefs (2), afin d'assurer la dotation du nouveau monastère; et parmi les fiefs dont la seigneurie fut attribuée alors au nouvel établissement se trouvent Oradour, Brossadol, Pierrefiche en partie, Valeilles (2).

Il est donc bien établi, même en dehors de la phrase *antequam facta fuisset loci destructio*, qu'Amblard le Mal Hiverné, comtour de Nonette, a envahi violemment tout ce qui n'était pas à lui dans Indiciac, même les lieux sacrés; qu'il les a gardés injustement, qu'il y a fondé à la place un établissement militaire; l'a inféodé à Amblard de Brezons après la mort d'Astorg et a réparti entre ses fidèles le surplus des biens du monastère primitif; mais ni lui ni Amblard de Brezons n'ont détruit le corps du saint, ils s'en sont bien gardés; les corps saints, les barons de l'époque les volaient plutôt, quand ils n'en avaient pas. Respect religieux à part, ces reliques étaient pour eux un élément de richesse, car elles attiraient les pèlerins, dont les seigneurs s'étaient attribué les offrandes à charge d'entretenir l'oratoire. On ne saurait donc sans arbitraire écarter le passage rappelant la destruction du premier monastère qui forme un tout complet avec les autres.

---

(1) *Miracula S. Fidis*, lib. I, cap. 32. Ce miracle est l'un de ceux publiés par les Bollandistes dans la *Vita S. Fidis*.

(2) *Inventoria*.

Il est non moins démontré que la fondation du grand monastère, attribuée à Amblard de Brezons par le vieux carlaire de Saint-Flour, est postérieure à la donation de 1010-1013. En voici d'autres preuves : ce seigneur reproche au Mal Hiverné, son suzerain, de garder injustement Indiciac au détriment du Pape, seul propriétaire légitime. La donation de 1010-1013 est la seule où Amblard le Mal Hiverné ait figuré comme donateur du lieu à Saint-Pierre de Rome, avec Astorg, auteur d'Amblard de Brezons, la seule par conséquent que celui-ci pût lui opposer sans réplique. La postériorité de la donation cumulative d'Amblard de Brezons et du comtour Amblard résulte encore de ce qu'Amblard de Brezons qualifie également d' « *injuste* » la prétention élevée à Rome par le comtour de « vouloir donner à une autre église que celle de saint Florus quelques-uns des biens qui lui étaient destinés ». Or précisément la charte de 1010-1013 (441 de Sauxill.) renferme à la fin une clause spéciale par laquelle Amblard le Mal Hiverné et Astorg s'interdisent formellement « de donner quoi que ce soit dans leurs terres d'Indiciac à des monastères de moines ou de chanoines ou à telles congrégations que ce soit, autres que les monastères de Cluny et de Sauxillanges. » Cette interdiction était une dérogation au droit commun ; elle avait besoin d'être exprimée. La dernière donation la vise ; donc elle est postérieure à celle de 1010-1013, qui seule la stipule. Aussi Amblard de Brezons, après avoir protesté contre l'intention du comtour de donner à d'autres monastères ce qui lui reste dans la terre d'Indiciac, termine-t-il l'incident par ces mots : « Ce que nous nous sommes *surabondamment* interdit l'un et l'autre (1). »

Et alors à quoi servirait la suppression du passage contesté par M. Teilhard ? Ce n'est pas les cinq mots *antequam facta*

_____

(1) Quod *nimirum* interdictum ambo fecimus. (*Epitome*, dernier paragraphe. Pièces justificat.). Cette manière de s'exprimer indique une réitération.

fuisset destructio qu'il faudrait retrancher dans ces actes du vieux cartulaire de Saint-Flour où tout s'enchaîne logiquement, chronologiquement, où tout cadre avec le milieu ambiant constaté par d'autres textes exactement contemporains et relatifs aux mêmes personnages dans le même pays de Planèze, ce sont ces actes tout entiers qu'il faudrait supprimer bien que leur sincérité soit incontestable. Et comme la dernière donation a reçu, sur la demande d'Odilon, abbé de Cluny, l'approbation du roi Robert (1) et de Rencon, évêque d'Auvergne (2), il est certain que son exécution, commencée entre 1014 et 1028, et vraisemblablement vers 1025, fut parachevée entre 1028 et 1031. Je ne dis pas les constructions, il est assez connu que l'on n'attendait pas leur achèvement pour la prise de possession légale; l'ordre donataire faisait acte de propriétaire dès qu'il pouvait mettre le pied dans les lieux. Le château de Brezons et l'oratoire du saint étaient des locaux tout prêts pour recevoir la colonie de moines celsiniens que saint Odilon établit à Indiciac. Avec un homme tel que le Mal Hiverné, il eût été dangereux d'attendre la réédification complète des cloîtres. Il n'y a rien de plus faux que ces dates uniques fournies par quelques historiens pour les fondations de cette nature; les actes de don, de prise de possession, de commencement des travaux ou de consécration se prêtent seuls à l'unité de temps.

En résumé, il y a eu dans la fondation de Saint-Flour, l'ancien Indiciac, trois périodes qui ont duré une trentaine d'années :

1° *Donation avant 999 par Astorg seul du petit monastère primitif* à Odilon, abbé de Cluny, qui la fait confirmer par le Pape Grégoire V en 996-999 (3). — Amblard, seigneur de

---

(1) *Eodem tempore* (deuxième paragraphe de l'*Inventoria*).

(2) Troisième paragraphe du même document.

(3) *Eustorgius clericus*, dans la bulle de 996-999. De même ce vassal d'Amblard de Nonette est-il dit à la même époque *Eustorgius clericus* dans l'une des chartes précitées de Sauxillanges; autre preuve d'identité que j'oubliais. Les clercs mariés, nombreux alors, l'ont été particulièrement au moyen-âge à Saint-Flour.

Nonette et d'Indiciac, neveu et suzerain d'Astorg ici et là, ne tient aucun compte de cette donation, où, du reste, il n'a pas figuré, s'empare du monastère, le détruit sauf l'église abritant le corps de Florus, et met une garnison de gens de guerre sur les lieux, avec la complicité volontaire ou forcée d'Astorg.

2° *Donation en 1010-1013 de l'église de saint Florus à Indiciac et de son fief par Astorg et Amblard, son neveu et suzerain, au profit de Saint-Pierre de Rome et du monastère de Sauxillanges*, que dirige Odilon, abbé de Cluny. — Cette donation reste lettre morte; Amblard, seigneur de Nonette, ne peut se décider à abandonner une position militaire de premier ordre qu'il a fait fortifier. Une guerre s'ensuit. Le seigneur de Nonette, qui prend dans l'intervalle de cet acte au suivant le titre de comtour, organise un grand fief en Planèze, dont le château-fort, dit de Brezons, construit à Indiciac à la place de l'ancien monastère, est la tour du Louvre.

3° *Donation faite à Rome entre 1025 environ et 1031, par les deux Amblard, au Pape qui rétrocède à Odilon, abbé de Cluny, de tout ce qu'ils possèdent à Indiciac provenant tant de leurs usurpations que de leur patrimoine (1) et mise en possession définitive. Fondation du second et grand monastère.* — L'abandon sans réserve de toute la terre d'Indiciac, où cependant les deux barons avaient des biens personnels « hérités de leurs parents, » des biens vraisemblablement plus considérables que ceux usurpés par eux sur l'Église, fait que l'acte participe de la libéralité. Même après ce dernier abandon le comtour soulève de nouvelles difficultés. Il se fût peut-être bien résigné à donner à Saint-Pierre de Rome, qui était loin, avec l'arrière-pensée de s'y soustraire à première occasion; mais créer un titre au profit du doux et

---

(1) *Aliquid ex rebus nobis a progenitoribus nostris traditis*, disent Amblard et Astorg dans la donation de l'église de Saint-Flour et de ses dépendances. (Ch. 441 Sauxill.) — Cf. *Epitome* et *Inventoria*.

ferme Odilon, son voisin le plus proche, temporellement très
puissant par sa famille, appuyé sur un clan nombreux, devait
moins lui sourire. Ses tergiversations et son entêtement
durent retarder la délivrance effective pendant quelque temps
encore. Elle finit par s'opérer, grâce aux remords sincères
d'Amblard de Brezons et à l'intervention personnelle d'Odilon
de Mercœur, abbé de Cluny.

Voilà comment d'une façon simple et conforme aux mœurs
du temps, se concilient ces actes divers : un drame en trois
actes et une infinité de tableaux, dont le prologue seul nous
échappe. Et comme on comprend maintenant l'impression
terrible que les deux premiers destructeurs laissèrent dans
l'imagination de leurs contemporains; elle est venue jusqu'à nous, reflétée dans ces sobriquets farouches donnés par
eux à ces barons montagnards : Astorg le Taureau Rouge,
Amblard le Mal Hiverné !

A l'objection tirée, à l'appui de la prétendue interpolation,
de ce qu'Amblard de Brezons déclare vouloir fonder à Saint-
Flour un monastère desservi par des moines au lieu de l'être
par des chanoines, comme il l'était *antequam facta fuisset
destructio*, la réponse est plus simple encore. M. Teilhard en
donne pour première raison qu'il n'est pas question de chanoines dans la donation du cartulaire de Sauxillanges (charte
441) en 1010-1013. D'abord cette donation n'émane pas
d'Amblard de Brezons, mais d'Astorg et de son neveu Amblard, seigneur de Nonette; elle ne fut pas exécutée; le rôle
d'Amblard de Brezons ne commence que plus tard (1015-
1025 environ); nous ne le connaissons que par les chartes de
Saint-Flour; il pourrait avoir mis des conditions dont il
n'avait pas été question du temps d'Astorg, son prédécesseur. S'il n'est pas question d'instituer des chanoines à Indiciac dans la donation d'Astorg et de son suzerain, il n'y est
pas convenu davantage d'y établir des moines, qui cependant
y furent établis, ni même d'y fonder un monastère, mais

uniquement du don fait par les deux seigneurs au profit
d'Odilon, abbé de Cluny, de l'église de saint Florus, à Indiciac,
et des possessions qui en dépendent.

Le second motif de suspicion dont on excipe est l'incompatibilité d'un monastère bénédictin et de moines y vivant à
l'état canonique ; M. Teilhard a cru, semble-t-il, que monastère et chapitre étaient choses inconciliables ; que des moines
et des chanoines ne pouvaient coexister dans un même établissement sous le gouvernement d'un même abbé ou d'un même
prieur aux x° et xi° siècles ; et qu'une sécularisation postérieure
avait seule pu produire ce résultat. Il est probable que mon
loyal collègue de l'Académie de Clermont aurait changé d'avis
s'il avait eu sous les yeux les cartulaires de la région lorsqu'il a rédigé son article. Il aurait vu dans ceux de Sauxillanges, Brioude et Pébrac notamment, qu'on pouvait être alors
chanoine cloîtré et qu'il y eut des chapitres même en dehors
des églises cathédrales, bien avant les sécularisations.

Certains monastères des x° et xi° siècles renfermaient à la
fois des chanoines, des moines et des clercs. Les moines y
vivaient en commun sur une mense commune ; les chanoines
y possédaient des prébendes spéciales et personnelles, et prirent même l'habitude de loger dans des locaux particuliers
enclos dans la grande enceinte du couvent. Le *Gallia*, m'a fait
observer l'auteur de l'article auquel je réponds, n'est pas très
affirmatif sur l'existence de chanoines à Brioude au x° siècle.
Je ne puis que répéter que si les auteurs de ce recueil ont entendu affirmer le doute à ce sujet, ils se sont trompés. Il suffit
d'ouvrir le cartulaire pour y trouver environ 80 chartes du
x° siècle, de son commencement jusqu'à la fin, mentionnant
les « chanoines » de ce monastère auquel étaient attachées
les trois catégories dont je viens de parler. L'abbaye bénédictine de Pébrac eut aussi des chanoines dès sa fondation au
xi° siècle, son cartulaire en témoigne. De même le monastère
de Montsalvy fondé à la même époque ; on en trouvera d'autres exemples en quantité dans les cartulaires et les hagiogra-

phies, et combien d'autres, sans aller chercher la *Pancarte noire* de Saint-Martin de Tours. Mon contradicteur n'aurait-il pas confondu la vie canonique des monastères de la fin du xᵉ siècle et des deux suivants avec celle beaucoup plus libre qui résulta des sécularisations des xvıᵉ, xvııᵉ et xvıııᵉ siècles ? Le monastère de Saint-Flour, par exemple, n'a été sécularisé qu'en 1476, sous l'épiscopat d'Antoine de Léotoing ; et en 1450, lors de l'élection de son frère Pierre, c'était encore les moines du monastère bénédictin qui faisaient l'office de chanoines. Les huit dignitaires du monastère, à commencer par le prieur, étaient en même temps et dans le même ordre hiérarchique les huit dignitaires du chapitre ; les 20 à 24 chanoines étaient tous moines et prêtres, et nul ne pouvait être chanoine sans être moine de Saint-Flour. Ces moines-chanoines ou chanoines-moines, comme on voudra, officiaient et administraient en conseil épiscopal, mais ils habitaient le couvent en commun, et la règle, en fait souvent violée, ne leur permettait pas d'en sortir sans autorisation (1). Le service extérieur de la cathédrale, unique paroisse primitive, était fait par un collège de chapelains et de prêtres séculiers à qui le monastère avait abandonné une partie de sa mense, et qu'on appelait à cause de cela prêtres de la Table, *presbyteri mensæ*.

Ces chanoines-moines fonctionnaient ainsi depuis la création de l'évêché en 1317 ; mais, évêché à part, on s'épuiserait en vain à deviner pour quelle raison il n'aurait pu y avoir à Saint-Flour, comme en tant d'autres simples églises, un collège de chanoines dans le premier monastère avant sa destruction des environs de l'an mille. Ce fut de la règle monastique de saint Benoît que s'inspira l'évêque de Metz Chrodegand lorsque, vers 760, il rédigea celle de son chapitre, et cette règle servit de base à la constitution promulguée en 816 par le concile d'Aix-la-Chapelle ; les chanoines étaient soumis

_____

(1) Les archives de Saint-Flour renferment entre autres documents sur le rôle des chanoines-moines deux curieuses enquêtes de 1451 à 1452, sur l'élection de Pierre de Léotoing. Elles ne sont pas cotées.

à la vie commune dans le cloître (1) ; il en fut de même des chapitres institués dans des églises non cathédrales ; l'habitude introduite dans les chapitres d'avoir une habitation séparée dans l'enceinte claustrale fut un effet du relâchement.

Qu'avons-nous besoin d'ailleurs de chercher la preuve de la possibilité d'un monastère où l'on vécût suivant l'ordre canonique à Saint-Flour, à cette époque des approches de l'an mille, en dehors de la donation de l'église de Saint-Florus elle-même par le Mal Hiverné et son vassal Astorg en 1010-1013 ? Les deux seigneurs s'engagent par cet acte à ne rien donner à l'avenir dans leur terre d'Indiciac « à d'autres monastères soit de moines soit de chanoines » qu'à ceux de Cluny et de Sauxillanges. *Aliis monasteriis sive monachorum sive canonicorum*, des monastères de chanoines, c'est clair. Et la charte ne provient pas de Saint-Flour, elle sort du fonds de Sauxillanges, corroborant pleinement l'*Epitome* sanflorain.

Et encore nul ne sait à quel ordre se rattachait la première troupe religieuse qui gardait là-haut la dépouille du confesseur Florus, ni même si elle se rattachait à aucun ordre quelconque et si elle ne relevait pas simplement de l'ordinaire ou directement de l'Apôtre. Il n'en manquait certes pas de ces congrégations *sui juris* soumises à la juridiction spirituelle de l'ordinaire diocésain, dont M. Paul Fabre a défini très bien la condition dans son étude sur le *Liber censuum et l'Eglise romaine*. Supposer qu'il n'y en avait aucune pour veiller sur le corps du saint, l'évangélisateur du pays ou que l'on croyait tel, ce serait tellement promener l'hypothèse dans l'exception et l'invraisemblable qu'il n'y faut pas songer sans indices contraires et formels. Ils font absolument défaut.

Enfin, entre une affirmation portant sur le régime intérieur d'une congrégation détruite depuis un assez grand nombre d'années, une vingtaine peut-être, et une autre relative à un

---

(1) Eusèbe de Verceil et saint Augustin avaient dès l'origine soumis les chapitres à la vie en commun.

fait matériel aussi extérieur, aussi brutalement public qu'une destruction, placées l'une et l'autre dans la bouche du seigneur laïque du lieu, il y a trop de différence pour qu'on les fasse nécessairement solidaires. Avec beaucoup de bonne volonté, Amblard de Brezons et le scribe auraient pu, à la rigueur, se tromper sur la première, il est impossible qu'ils aient erré sur la seconde. Le fait était d'une notoriété trop récente et constituait une trop éclatante révolution pour le pays.

Quant à l'objection fondée sur ce que si, de moine on peut devenir chanoine, un chapitre de chanoines ne se transforme pas en un couvent de moines, elle paraît également dériver d'une préoccupation quelque peu anachronique, sous l'impression de ce qui se passait en des temps postérieurs. Au xie siècle, l'état monastique pur avec claustration sévère est jugé le plus parfait après la vie érémitique qui est la vie angélique par excellence pour la même raison, et il n'y a que le solitaire à être estimé plus près de Dieu. Il faut arriver aux époques de décadence pour que l'opinion voie dans les divers degrés de la sécularisation un progrès désirable et désiré. Saint Odilon, qui a passé son existence à réformer et à fonder, se trouve, vers 1025, en présence de l'emplacement occupé naguère par un petit couvent détruit depuis quelque vingtaine d'années ; les chanoines sont dispersés, tous morts peut-être ; la retraite sacrée est remplacée par une forteresse peuplée d'hommes de bataille ; le réformateur opère sur une table rase. Que fait-il ? Ce qu'il a fait partout : il va au meilleur, il établit une colonie de ses moines de Sauxillanges dans le monastère relevé à la place de l'ancien, et ces moines y apportent la règle du leur ; rien de plus logique. Et remarquez qu'il a fait ratifier sa nouvelle institution par l'évêque de Clermont, par le roi (1025-1031) ; puis qu'il a envoyé Etienne de Brezons à Rome pour avoir l'approbation du Pape, rien de plus régulier ; qu'enfin l'évêque Rencon, dont l'épiscopat en Auvergne commença en 1028, donna vers le même temps au nouveau monastère tout ce qu'il possédait à Indi-

ciac (1). Nous ne connaissons pas le texte même de ces rati-
fications épiscopale, royale et pontificale, nous n'en avons
que le résumé ; mais l'ordre de cette procédure est si complet
que c'est celui-là même que le grand réformateur eût dû suivre pour légitimer ses modifications à l'ancien régime du monastère, si radicales qu'elles eussent été.

Maintenant est-il bien exact historiquement de dire ou de
laisser entendre, pour les environs du millénaire, qu'un établissement religieux monte et ne descend pas dans la hiérarchie telle qu'on la comprenait sous la monarchie bourbon-
nienne ? que, pour forcer la comparaison, on ne voit pas, par
exemple, des abbayes devenir de simples prieurés ? Sans remonter aux destructions normandes et sarrazines qui fournissent tant de preuves de ces révolutions, sans sortir de
l'Auvergne, des monastères clunisiens et de l'époque où se
meut notre étude, le monastère d'Aydat, dans l'arrondissement de Clermont, était une abbaye, *abbatia Aydiacensis*,
lors du testament d'Etienne, évêque d'Auvergne, fils du comte
Guillaume Ier et de Philippie de Gévaudan (996-1016) ; sous
le gouvernement d'Odilon, elle fut donnée par cet évêque au
chapitre cathédral de Clermont avec le *larum de Aidaco totum ab integro* (2). A Cournon, près de la même ville, il y
avait également une abbaye en 976, *abbatia sancti Martini
Chornonensis* (3). Passent les cyclones de l'an mille, les désastres de la révolution féodale, ces deux couvents se retrouvent
les simples prieurés qu'ils restèrent pendant tout le moyen-
âge. Du vivant de Guillaume II le Pieux, comte d'Auvergne,
mort en 918, fonctionnait, paraît-il, à Brioude, à côté des
moines et des chanoines, un corps de chevalerie religieuse
dont on connaît mal, il est vrai, la constitution ; il n'en est
plus trace aux temps postérieurs.

(1) Tout cela est formellement constaté dans les chartes résumées à
l'*Inventoria.* (Pièces justificatives).
(2) Cartul. de Sauxillanges, ch. 475.
(3) Baluze. *Mais. d'Auv.* II. 38. Testament de l'évêque Etienne II.

Pour en terminer sur cette question de l'existence du culte de Florus à Indiciac, lieu de sa sépulture, à la fin du xᵉ siècle, rappelons ce que nous avons dit de ce même culte florissant en 1035 assez loin de là, dans la paroisse de Sauvessanges, sur les confins du diocèse de Lyon, et attesté par la présence à cette date et dans ce lieu d'une église à lui dédiée et entourée déjà d'un village portant son nom (1); ce qui rend singulièrement vraisemblables les mêmes manifestations extérieures, trente-cinq à quarante ans avant, dans le bourg qui, possédant sa dépouille, avait été le point de départ de son culte.

Et, là encore, c'est dans des cartulaires d'autres diocèses que le vieux cartulaire santlorain trouve une confirmation positive.

Reste l'opinion par moi produite et maintenue que les auteurs de l'*Inventoria* et de l'*Epitome* « y ont mis du leur ». Entendons-nous. Entre l'attestation de faits matériels contemporains figurant dans un document dont l'authenticité est établie et la constatation dans le même document de la simple croyance à un fait remontant à mille années en arrière, sans rien qui comble cet immense intervalle, il y a un abîme. Or, c'est uniquement sur ces deux phrases : *Sanctus Florus, unus de discipulis Domini* (Epitome) et *unus ex discipulis qui fuit ad cœnam cum Domino* (Inventoria), que j'ai exercé ma critique, en avançant la conjecture que la qualification de disciple du Seigneur a pu être prise au figuré dans la première analyse et au réel dans la seconde par un bon moine amené à ce développement de bonne foi de la qualification. Les prêtres, les religieux et les chrétiens fervents qui liront cette étude sont tous des disciples du Seigneur et ils n'étaient pas à la cène. Dans le surplus du texte, j'ai dit encore que les analystes ont dramatisé le récit par le procédé du dialogue

(1) Cartulaire de Chamalières-sur-Loire » d'après Aug. Chassaing, charte 259. (Pièces justificatives).

qui a pu parfaitement être substitué au récit impersonnel sans en altérer en rien la substance ; mais je n'ai nulle part allégué qu'ils eussent inventé des faits contemporains pour les ajouter de leur chef aux chartes placées sous leurs yeux. Ils me paraissent, au contraire, les avoir honnêtement résumées.

Conclusion : Le fait de l'existence du premier et petit monastère de Saint-Flour en 996-999 et celui de sa destruction peu après, de même que celui de l'édification d'un second monastère plus considérable à la place de l'ancien entre 1013 et 1031 restent constants.

Ces conclusions, je crois sincèrement que M. Teilhard de Chardin les eût adoptées sans restrictions, s'il eût connu et rapproché les documents divers du sujet, avant la publication d'un compte rendu qui n'appelle, encore une fois, de ma part, que des remerciements.

§ IV. — Que doit-on penser de la partie de la légende qui fait de Florus un des disciples de Notre-Seigneur?

Notre légende a pour elle de se mouvoir autour d'un noyau de faits historiques.

Florus a vécu. En 996-999, il était mort depuis un temps indéterminé, mais assez reculé pour que son culte et le monastère érigé près de son tombeau fussent en plein état de fonctionnement. Son nom romain, aussi rare au moyen-âge qu'il fut usité dans l'Europe gallo-romaine, invite à placer sa naissance à une époque fort éloignée du x⁵ siècle où l'histoire du pays commence avec celle du trouble apporté à son église. Son culte se répandit de la Loire à la Méditerranée. Dès que son nom paraît à la fin du x⁵ siècle, il est notoirement qualifié de saint par l'église locale, par Cluny, par les Souverains Pontifes et sans aucune interruption dans la suite. Usurper les biens de son monastère est un crime énorme qui met aux prises les princes du pays avec la plus redoutable puissance de l'Eglise, si bien que c'est à Rome, aux pieds du pape, que l'affaire peut seulement se terminer. Florus laisse l'idée d'un saint provincial important aux alentours de l'an 1000. Ces données historiques sont quelque chose; c'est peu aux regards de la légende qui fait de lui un des soixante-douze disciples de Jésus. Que vaut cette légende?

Faut-il, avec l'école des hypercritiques, la jeter à la porte comme la grande menteuse indigne de converser avec nous sur aucun point, indigne même d'être regardée? Faut-il nous agenouiller devant elle comme si elle était la propre voix des anges nous lisant le livre des élus? Ni l'un ni l'autre. Il nous faut écouter la conteuse sans parti pris, avec la déférence due aux récits d'où l'erreur possible n'exclut pas la bonne foi, avec la défiance attentive due à toute tradition orale sur des faits extrêmement éloignés d'elle.

Elle a droit à l'examen, parce que par elle-même la légende, vieille de neuf cents ans d'existence, est un *fait* positif *à sa date*. Il n'y a pas équation entre l'existence d'une légende et pas de légende. Elle vaut ce qu'elle vaut, voilà tout. Elle peut être le mensonge ou la fumée de l'histoire; elle peut aussi en être l'ombre, irrécusable signe de la présence d'un corps, mais démesurément grandie par le soleil couchant. Il faut donc l'examiner pour la peser.

La légende florienne se divise en trois parties : la première relative au discipulat du saint, la seconde se rapportant à sa mission dans la Narbonnaise; la dernière à sa mission d'Indiciac en Haute-Auvergne. Nous avons à les examiner séparément.

L'Apostolicité de saint Florus n'est pas historiquement prouvée. Nous n'en avons aucune preuve épigraphique ou scripturale contemporaine ou suffisamment rapprochée des temps apostoliques.

Est-elle possible? Oui, rien n'en démontre péremptoirement l'impossibilité.

Est-elle vraisemblable et dans quelle mesure? Là est la

question la plus délicate à trancher par le futur historien de Florus dont j'essaye de faciliter ici la tâche, au risque de lui voir suivre d'autres chemins que ceux que j'aurai voulu déblayer.

Plus de neuf siècles de silence au delà de nos plus anciens documents légendaires sont une lacune incomblée très grande. Il faudrait être bien hardi et connaître bien peu comment se forment, s'enflent et se développent les traditions orales pour supposer que celle-ci nous est arrivée du 1er siècle sans invention, sans augmentation, sans embellissements, alors surtout qu'au moyen-âge la prospérité des églises et des villes dépendait de la célébrité de ses saints et de leur pèlerinage.

Son invraisemblance absolue ne peut être déduite à la vérité de ce que l'église de Lyon, fondée en 168 par Polycarpe, chef de l'église de Smyrne, Pothin et Irénée. ses disciples, aurait été la première et même la seule instituée à cette époque, ou de ce qu'une évangélisation des Gaules (mais non la première), aurait eu lieu vers 250, d'après le texte archiconnu et archidiscuté de Grégoire de Tours. Les premières missions envoyées par saint Pierre n'auraient pas d'appuis dans les textes qu'elles en trouveraient dans les probabilités, vu l'ardeur de propagande surnaturellement héroïque des premiers chrétiens, et l'ordre formel de leur chef. Nous, les gens du XIXe siècle, nous ne pourrions fournir le nombre et la chronologie exacte de toutes les missions envoyées d'Europe en Chine par exemple, de toutes leurs destructions et de tous leurs recommencements. Nul ne saura combien de missionnaires vinrent porter en Gaule la parole du Christ entre la date de sa mort et la fameuse lettre de 177 écrite par les fidèles des églises de Lyon et de Vienne à leurs frères d'Asie, attestant l'existence de l'Eglise-mère de Lyon ; combien échouèrent, combien d'établissements furent anéantis par la réaction payenne après avoir prospéré d'abord ; et toutes les péripéties des persécutions locales, en outre de celles solennellement ordonnées par les édits impériaux. Mais ce que la seule raison nous permet d'affirmer, à priori, c'est que les tentatives sont plus que probables, preuves positives à part, du vivant de saint Pierre.

Nous n'avons pas l'acte original où figurait, vers 1025, le passage : *Sanctus Florus, unus de discipulis qui fuit ad cœnam cum Domino*, mais une analyse détaillée dont le contrôle d'autres actes et sa facture même ne permettent pas de suspecter la sincérité. L'auteur a résumé les chartes qu'il avait sous les yeux d'après un ordre chronologique régulier. Chaque acte ou lot d'actes forme un paraphe distinct. Il lui arrive parfois de copier textuellement les formules d'anathème à la fin des pièces, sans souci d'aucune transition de style. Il a arrêté son travail aux faits qui se sont passés et aux personnages qui ont vécu peu après la venue du pape Calixte II à Saint-Flour, dont il marque la visite par une date précise. Ce document est l'*Inventoria capituli Sancti-Flori* (1).

Dans un autre résumé qui nous est parvenu de la même fondation par les deux Amblard, il est dit simplement: *villa S. Flori... ubi et unus de discipulis Domini requiescebat*, sans parler de la présence de Florus à la Cène. De telle sorte que la dissemblance entre les deux analyses amène à se demander s'il n'y en avait pas une autre avec l'acte original, et si celui-ci ne se contentait pas de donner à Florus la qualification toute nue de *discipulus Domini;* dont le premier analyste aura fait *unus ex discipulis Domini*, en prenant cette locution dans son sens positif, et le second *unus de discipulis qui fuit ad Cœnam cum Domino*, par suite d'un développement qui se conçoit très bien; car, enfin, si Florus était un des disciples de Jésus dans le sens propre du mot, il était bien à la Cène où assistèrent les 72. Malheureusement nous ne

_____

(1) Les actes analysés au nombre de 43 à 45 peuvent se diviser en trois groupes : 1° Ceux relatifs à la donation d'Incidiac à l'Eglise entre 1010-1013 et 1031 ; 2° les actes de dotation du nouveau monastère jusqu'à la mort de saint Odilon 1048; 3° les actes de libéralité de 1049 à 1131 environ.

savons pas quel est le plus ancien des deux résumés ; il est seulement présumable que c'est le plus simple.

Or, d'une part, la locution *discipulus Domini* est employée si fréquemment sous le sens imagé avec celles de *alumnus Domini, vir Domini, servus Dei, athleta, miles, cultor Dei* (1), voire même *filius Domini* et autres analogues dans les vies de saints les plus authentiques et dans tous les siècles du moyen-âge (2), qu'il faudrait singulièrement augmenter le nombre des 72 disciples réels, si l'on y devait admettre tous ceux que les hagiographes ont décoré de ces qualifications honorifiques, synonymes tout bonnement de saint homme suivant les enseignements de Dieu.

D'autre part, il paraît bien à la lecture de l'*Inventoria* que son auteur a, de la meilleure foi du monde, donné carrière dans la forme à son imagination par l'emploi d'un procédé qu'on rencontre rarement ailleurs, même chez les méridionaux. Au lieu de résumer tout le document sous la forme impersonnelle, on le voit quitter tout d'un coup le ton du récit pour faire dialoguer ses personnages et reprendre ensuite le fil de la narration. C'est ainsi qu'au lieu de se contenter de la formule *concilio habito cum uxore sua*, fréquente dans les donations de conjoints, il développe, sans utilité visible : — « Ma femme, fait-il dire par Amblard de Brezons à son épouse, nous avons de l'argent, des fiefs, des enfants issus de notre corps ; et nous ne nous soucions ni de nos âmes, ni de ce que nous devons rendre à Dieu ; car nous avons acquis nos fiefs de *bien des façons* (3). Fondons un lieu en l'honneur du Seigneur. » Et la dame de Brezons de répondre : — « Quel lieu? » — « Fondons un

---

(1) Ces trois dernières expressions sont employées dans la *Vita sancti Flori* de Bernard Gui (§ 5, 8 et 9).

(2) Il y en a tant de centaines d'exemples dans la seule collection des Bollandistes, qu'il serait puéril et pédant d'essayer de les citer.

(3) *Multis modis*. Allusion discrète à leurs usurpations sacrilèges du premier monastère et de ses dépendances. Les Brezons étaient la race locale la plus puissante lorsque le moine du commencement du xii⁰ siècle dressait l'inventaire analytique. Il avait à les ménager.

monastère en notre nom et à l'honneur du Seigneur où seront
nourris les fils de Dieu. » Ils allèrent examiner l'endroit qui
conviendrait le mieux ; puis nouveau colloque : — « Le village
de Saint-Flour où gît un des disciples qui fut à la Cène avec
le Seigneur est de notre domination, c'est là que nous devons
bâtir un monastère » déclare le seigneur de Brezons à sa
dame. L'autorisation de son suzerain lui est nécessaire, il
s'abouche avec lui, essaie de le convaincre de leur obligation de conscience de restituer ce qu'ils ont usurpé. Nouveau
dialogue entre le sombre et hautain Comtour qui se borne à
répondre sèchement à ses remontrances : « Amblard, je te
défends de me parler jamais de cela ! » Le Comtour, excommunié peu après à la suite d'un nouveau crime, vient-il
demander à son tour conseil à son vassal à Indiciac? l'absolution de l'évêque, à Clermont? celle du pape, à Rome?
Autant d'interpellations directes, de questions, de réponses
sortant de la bouche des personnages. Et notez que c'est
Amblard de Brezons qui est censé, par la charte, raconter
ainsi les conversations des autres. Cela est bien peu conforme à la diplomatique du temps. Ce n'est qu'après la
décision pontificale imposant pour pénitence aux coupables
l'abandon de leurs domaines et la fondation d'un monastère sur la montagne de Planèze, « appelée indiciac, » qu'Amblard de Brezons reprend son récit sous la plume du moine
analyste. Il n'est pas besoin d'avoir lu dans les cartulaires
les cinq ou six mille actes de la même nature des xe et xi[e]
siècles, pour affirmer que le rédacteur de cette pièce, fort
intéressante du reste, et d'une authenticité non contestée, n'a
pas copié littéralement l'original et ne l'a pas même résumé suivant sa forme. Il n'a pas inventé, mais il a ici atté-
nué, voilé les crimes des donateurs autant qu'il le pouvait,
sans offenser la vérité; ailleurs dramatisé, délayé ou souligné
par le dialogue, tout ce qui touchait au rôle de l'Église; il
s'ensuit que cet homme, à imagination vive, a bien pu en
faire autant, et en toute bonne foi, pour l'expression *discipulus Christi.*

Et si cela est d'aventure arrivé, si du figuré ces deux mots ont été appliqués à tort au réel, vous voyez la conséquence! Toute la première partie de la biographie légendaire de Florus dans Bernard Gui, la partie capitale, s'écroule: il n'y a plus rien. A l'inverse, une fois admis le développement très possible de *discipulus Domini* en *unus ex discipulis*, tout le reste en découlera forcément. Les disciples de Jésus étaient des pays d'outre-mer par rapport à nous; ils furent instruits, baptisés par Jésus, devinrent par le baptême ses fils spirituels, assistèrent à la Cène d'après Eusèbe, suivirent Pierre à Rome, furent envoyés par lui chez les nations pour les évangéliser. Donc Florus, l'un des disciples, fut tout cela et fit tout cela, ainsi que Bernard qui le raconte. Donc, en 1262, le prieur de Saint-Flour a pu écrire de très bonne foi aussi au pape, que « Florus avait été disciple de Jésus avec Martial. » Et il ne resterait plus debout de la légende du *Sanctoral*, que l'historique des missions de Florus à Lodève et à Indiciac; partie dont l'origine paraît s'inspirer de temps et de faits d'un ordre différent.

Voilà une des grosses raisons qui rendent la légende florienne incertaine, quant à l'apostolicité de son héros, abstraction faite des causes générales d'incertitude qui s'attachent aux légendes de cette sorte.

L'historien de Florus aura, s'il le veut, à rapprocher celle-ci de celles des saints Austremoine, Mary, Martial, Trophime et autres contemporains ou prétendus contemporains du Ier siècle; à démêler aussi ce que ces légendes peuvent avoir de certain, de probable, de possible ou de controuvé; expliquer le silence, non seulement de l'évêque d'Auvergne Sidoine, assez explicable somme toute chez un grand seigneur lettré plus épistolier qu'historien; mais celui de l'Arverne Grégoire de Tours qui, dans sa *Vita Confessorum*, aurait dû être tenté, lui, de parler de Florus évangélisateur d'une partie de son diocèse d'origine, si la tradition eût existé de son temps; mettre à la portée du public la méthode qui fut suivie pour l'admission des saints au catalogue de l'Eglise

romaine, afin de lui faire comprendre pourquoi cette con-
tradiction très frappante dans notre cas, d'un saint reconnu
saint par tant de papes du x⁰ au xıv⁰ siècle ainsi que par
leurs successeurs, et pourtant non compris dans ce catalogue! Fut-ce une exclusion? fut-ce un oubli? D'où vient,
si ce fut un oubli, qu'il n'ait pas été réparé en présence
de tant de bulles? (1).

Un autre point enfin qui devra fixer son attention est la
recherche, l'étude des autres saints quelconques du nom de
Florus: et des raisons qui s'opposent à l'identification. L'éloignement du lieu de leur naissance, de leur vie, de leur mort,
de leur premier culte ne sera pas une raison radicale d'éli-
mination. Il y aura à envisager, pour l'écarter, l'hypothèse
d'une translation de son corps aux ıx⁰ ou x⁰ siècles, lors des
invasions normandes. Elles sont bien curieuses et commencent à être bien observées dans les documents, ces migrations d'un bout de la France à l'autre. Les textes relatifs à
celles des corps de saint Austremoine, de sainte Foi, de
saint Marcellin, de saint Domnin, de tant d'autres, en dé-
montrent les péripéties, et l'âpreté avec laquelle églises ou
seigneurs dépositaires s'efforçaient de retenir les corps
saints étrangers une fois qu'ils les tenaient. Plus le refuge
était éloigné, le lieu inaccessible et perdu dans les montagnes, plus il était recherché, plus les corps saints étaient
difficiles à récupérer.

Le corps de saint Domnin, martyr du ıı⁰ siècle, enlevé du
monastère d'Avrillé (canton de Talmont en Vendée), non loin
des Sables-d'Olonne, à l'approche des Normands, traverse
toute l'Auvergne, en 889, sur les bras des moines de Noaillé
(Poitou) et va se gîter à Manglieu, au Puy, disséminant des

(1) Un seul Florus, martyr à Ostia avec S. Démétrius et S. Honorat,
figure au Martyrologe romain (22 décembre); mais il y en eut d'autres,
un notamment honoré dans le Nord. Les Bollandistes le signalent dans
leurs annotations sur la *Vita S. Flori*.

reliques et son vocable sur le passage (1). Le corps de saint Florent de Saumur est transporté avant 866 à Tourniac (canton de Pleaux, arrondissement de Mauriac), au fond de la Haute-Auvergne, et il y séjourne longtemps *diutius, multo tempore* (2).

Il y a, dans la *Pancarte noire* de saint Martin de Tours, des chartes bien intéressantes au sujet des préférences que l'Auvergne inspirait aux monastères lointains à ce point de vue. Du vivant de Louis-le-Débonnaire, et avant 828, les moines de Tours avaient reçu en don le village de Marsat près Riom ou plus probablement Marcillat près de Billom (Puy-de-Dôme), pour s'y retirer, en cas d'invasions, avec leurs reliques, leurs personnes et leurs biens, et ils possédaient encore ce lieu de refuge avec divers autres, le 30 janvier 869. Ce jour-là, Charles-le-Chauve, par un édit impérial, prit sous sa protection cette villa donnée naguère aux religieux, est-il dit dans l'acte, « pour leur servir de lieux de refuge, et où les chanoines se sont déjà retirés devant les invasions des Normands (3). »

Ce fut sans doute aussi la cause pour laquelle le chapitre de Notre-Dame de Laon possédait Molompise au mois de septembre 823 (4).

Après la destruction de l'abbaye de Lérins par les Sarrazins, le comte d'Auvergne Robert II (1046-1064) et plus tard l'évêque d'Auvergne, Etienne (1152-1159), donnèrent aux

(1) *Saint-Domnin d'Avrillé et ses compagnons martyrs*, chap. XIV. Abbé Rivalland, Fontenay-le-Comte, 1878.

(2) Cartul. de Saint-Florent de Saumur. Baluze, *Hist. gén. de la Maison d'Auv.* II, 246, 22-23.

(3) Charte 49 de la *Pancarte noire* de Saint-Martin de Tours. V. aussi ch. XV et XVIII, Emile Mabile. L'éditeur place *Marciaco* à Marsat, arrondissement d'Ambert. C'est une erreur, vu que la charte 18 de la *Pancarte noire* le dit situé dans la viguerie de Clermont, ce qui exclut absolument le Marsat de l'Ambertois qui était non dans le comté de Clermont, mais dans le comté de Turluron.

(4) Curtul. de Conques, ch. 460. Notice d'un plaid tenu par Louis-le-Débonnaire, à Aix-la-Chapelle ; sentence rendue entre Stable, évêque d'Auvergne, et Bertrand, vassal de l'Empereur, institué par lui gouverneur du pays, et le Chapitre de Laon. — Molompise, canton de Massiac, arrondissement de Saint-Flour.

moines de Saint-Honorat plusieurs mas à Talizat (canton nord de Saint-Flour), et dans la chaîne de la Margeride; ils y devinrent le noyau du prieuré de Vieillespesse, propriété de cette abbaye des côtes de Provence (1). La célèbre abbaye de Saint-Denis elle-même possédait deux villas en Auvergne à la fin du règne de Charlemagne. Cette coutume d'avoir au loin, dans les lieux peu accessibles, des refuges pour les cas de guerres ou d'invasions, existait déjà du temps de Sidoine-Apollinaire, qui parle dans une lettre à Aper de ses *sedes perfugii* qu'il est allé visiter dans les montagnes (2).

La distance entre Indiciac et les lieux où pouvaient se trouver les restes des autres Florus serait donc, si elle était isolée, une objection de valeur médiocre dans ces grandes migrations de corps saints que virent les vIII⁰, IX⁰ siècles et le commencement du X⁰.

L'historien sera donc obligé d'étudier, ne fût-ce que pour les exclure avec quelque certitude, ce qu'on sait du lieu d'origine des autres Florus, de la destinée de leurs corps, de leurs migrations, de leur retour à leur point de départ. A quelle époque, par exemple, remonte le culte de Florus qui a donné son nom à la paroisse de Saint-Floris au diocèse d'Arras (arr. de Béthune)? *Flori* et *Floris*, *Floria* au féminin et non pas *Flour* et *Flore*, sont les formes romanes du nom du patron local à Saint-Flour. Il n'est porté à Saint-Flour que sous ces formes-là pendant tout le moyen-âge, ainsi qu'on peut s'en convaincre par les rôles de tailles et autres nombreux documents des archives municipales. Les Bollandistes ont signalé le culte d'un saint Florus honoré dans l'église de Saint-Wulfrand et dans celle de Machy, au diocèse d'Amiens. Est-ce le même? Bapaume, dans ce même diocèse,

---

(1) Cart. de Lérins, ch. 500 à 272. Ce prieuré fut cédé quatre siècles plus tard par les moines de Lérins au chapitre de l'église neuve de Notre-Dame de Saint-Flour, le 22 mars 1430, à la condition notamment de recevoir et d'héberger gratis, pendant quelques jours, l'abbé de Lérins ou ses moines s'ils étaient obligés de s'y rendre. (Ibid.).

(2) Lib. V; Epist. XIV.

4

outre Amiens et Arras, était la propriété aux xiᵉ et xiiᵉ siècles de seigneurs de ce nom, largement possessionnés en Amiénois et en Artois. Ces seigneurs de Bapaume sont-ils de la même famille que Faucon ou Foulque de Bapaume qui contribua au xiᵉ siècle à la dotation du prieuré de Saint-Flour, avec les comtours et les Brezons (1)? que Bertrand et Armand de Bapaume dont le nom est associé à celui des Brezons dans les mêmes chartes du cartulaire de Sauxillanges? Le château de Bapaume, dont la chapelle fut donnée au monastère sanflorain dans le même xiᵉ siècle, en vertu de l'engagement contracté par le comtour Amblard et le seigneur de Brezons de donner au saint les chapelles de leurs châteaux, *capella castrorum*, doit-il être identifié, malgré la distance, avec le château de Bapaume en Artois? avec un des cinq autres Bapaume de France? ou avec quelque château détruit de la Haute-Auvergne? Si, dans la famille des fondateurs et premiers donateurs, il y avait un lien avec ces seigneurs de l'Artois, leurs contemporains, ces relations ont-elles pu servir de véhicule au culte, et s'est-il passé pour Saint-Flour ce qui s'est passé pour les monastères de Conques, Aurillac, La Chaise-Dieu et tant d'autres qui reçurent des dons d'immeubles et d'églises en des pays plus éloignés encore, voire même en Espagne. en Italie (2)? Autant de questions corollaires.

Ce danger de confusion dissipé, le Centre et le Nord de la France une fois écartés des vraisemblances, restera le Midi.

(1) Ce *Falco de Batpalmas* est prouvé à la fois par l'*Inventoria* et par le cartulaire de Sauxillanges. Comp. chartes 618 et 654 de ce cartulaire.

(2) La *cella* de Ruines, près Saint-Flour, ne fut-elle pas donnée vers 1080 à l'abbaye de Saint-Victor de Marseille par l'un des fils du vicomte de Millau, Carlat et Gévaudan (cartul. de St-Victor de Marseille)? et depuis une trentaine d'années déjà, des mas du canton même de Saint-Flour, près Talizat, Tanavelle, etc., n'avaient-ils pas été offerts et délivrés à l'abbaye de Lérins (cartul. de Lérins)? Souvent ces dons étaient, par la suite, l'objet d'échanges ou de ventes, à cause de l'incommodité de la gestion. Leur disparition postérieure du patrimoine des monastères ne suffirait donc pas à écarter l'hypothèse du don primitif.

§ V. — **A quelle époque vivait vraisemblablement Florus? — Sa
mission en Narbonnaise. — La traversée des Causses du Gévaudan.
— Sa mission à Indiciac.**

Dans sa première partie, la légende du *Sanctoral* ne contient rien qui ne puisse s'appliquer à tout autre disciple de Jésus; rien qui ne puisse découler de cette qualité. Avec la seconde, les particularités commencent. D'où vient que la légende fait prêcher Florus en Narbonnaise plutôt qu'ailleurs avant de porter la parole du Christ dans les montagnes d'Auvergne? Pourquoi le faire partir de Lodève plutôt que de toute autre ville de cette vaste province lorsqu'il se rend à Indiciac? A tant faire qu'inventer, la légende eût rattaché de préférence la mission de Florus à celle de Stremonius. Si la légende était l'histoire, nous répondrions : « Cela est parce que cela est »; du moment que sa vertu inférieure comporte le contrôle, il se peut qu'il y ait eu une raison particulière au choix. Il faut la découvrir.

Eh oui, il y en a une! C'est qu'il y eut en Narbonnaise, au milieu du v⁰ siècle, un évêque de nom de Florus, qui siégea au concile d'Arles en 450 ou 451 (1), avec treize autres évêques de Narbonnaise et de Provence, Rusticus, évêque de Narbonne notamment. Dans la notice authentique de ce concile, il est bien qualifié *Florus episcopus*, mais justement, par exception, son siège n'est pas indiqué. Il s'agissait de juger une affaire du Midi, un différend de Faust, abbé de Lérins, avec Théo-

(1) Sirmond le date du 30 décembre 455 (*Concilia antiqua Galliæ et Conciliorum antiquorum a Jacobo Sirmondi, S.-J. editorum supplementa IV*, p. 1025). Il est certain qu'il eut lieu sous l'épiscopat de Ravennius, évêque d'Arles, Nectarius, évêque de Digne, Asclepius, évêque d'Apt, Sugemius, évêque d'Embrun, Salonus, évêque de Genève, Maximus, évêque peut-être d'Avignon, tous figurant nommément dans la notice du concile d'Arles. Ravennius fut évêque d'Arles entre 449 et 461. (*Concilia*. De Tillemont. *Hist. ecclésiast.*, II, 407). Valérien, saint Maxime de Riès et Théodore de Fréjus y assistèrent comme parties, à ce qu'on pense. — Les Bénédictins de Saint-Maur ont penché pour la date de 450 ou 451 (*Hist. littér. de la France*, II, 323-325).

dore, évêque de Fréjus. Tous les prélats assistants, dont le siège est nommé, sont du Midi. Et, comme aucun des autres n'est dit évêque de Lodève, et que, d'autre part, la présence du représentant de ce siège était sinon nécessaire, au moins très indiquée, les Bénédictins, ceux de Saint-Maur spécialement, ont présumé que l'évêque de Lodève était Florus (1).

Certes, c'est insuffisant pour asseoir une affirmation historique, car la malchance veut qu'on ne connaisse, dans les catalogues épiscopaux, et dans les autres documents, aucune preuve soit de l'existence d'un chef-lieu de diocèse à Lodève à cette époque, soit du nom d'un évêque certain du lieu avant le siècle suivant. Ceux qui ont considéré Florus comme le fondateur de cette église diocésaine et l'ont fait figurer en tête de son catalogue épiscopal, n'ont d'autre preuve positive contemporaine que la notice du concile d'Arles et la déduction conjecturale que les Bénédictins en ont tirée.

D'autres dates ont été mises en avant.

Guillaume de Catel (2) n'admet pas que saint Florus fût contemporain des temps apostoliques, et le fait vivre de préférence dans le premier quart du v° siècle. Baillet (3) le reporte à la fin du iv°. L'auteur de la note sur les premiers évêques de Lodève, publiée en 1876 dans la nouvelle édition de l'*Histoire du Languedoc* (4), ne disconvient pas que Florus ne puisse être considéré comme le premier évêque de ce siège, repousse lui aussi l'apostolicité, et propose deux hypothèses. L'une, compatible avec celles de Baillet et du président de Catel, identifierait ce confesseur avec « l'évêque de Lodève dont on ignore le nom, qui mourut l'an 422, et dont il est fait mention dans une épître du pape Boniface I

---

(1) *Histoire littéraire de la France*, ibid.
(2) *Mémoires de l'Histoire du Languedoc.* Toulouse. Bosc. 1633 in-fol.
(3) *Vies des Saints de France*, 2 nov., par Adrien Baillet, bibliothéc. du présid. de Lamoignon, édition 1701-1739.
(4) *Hist. du Languedoc*, II, p. 50, note XXV, édition Privat.

au sujet de l'entreprise de Patrocle d'Arles qui ordonna son successeur (1). » La seconde verrait en lui le Florus souscripteur, en 451, de la lettre des évêques du Midi au pape Léon et que Tillemont (2) croit avoir pu assister vers 430 au concile d'Arles tenu au sujet de l'affaire de Lérins. Conjecture pour conjecture, ces deux dernières hypothèses peuvent se fondre en une seule. Elle aurait pour elle deux documents se prêtant quelque appui, car enfin il n'y aurait rien de bien surprenant à ce que Florus ait dirigé une église de Narbonnaise pendant 32 ans avant de venir évangéliser les montagnards de l'Auvergne.

Si peu que ce soit, ce n'est pas moins une motte de terre où la légende ailée peut poser le bout de l'orteil, un texte qui la rattache au solide, ne fût-ce que par l'identité du nom et par les linéaments du commentaire. C'est de là qu'elle a pu partir, aussi bien à Lodève qu'à Saint-Flour ; c'est là le lien ténu, le seul qui relie les deux Florus, certains individuellement, pour les fondre en un seul.

S'il fallait s'en tenir à l'histoire positive, le plus ancien évêque de Lodève, prouvé par documents contemporains, est Maternus qui assista au Concile d'Agde en 506.

La légende renferme le récit d'un incident bien fait pour fortifier l'identification ; il ne paraît pas avoir été inventé.

Florus, envoyé par Pierre après la mort de Notre-Seigneur, a évangélisé la Narbonnaise, d'après la légende, renversé les idoles, détruit le culte des arbres, des fontaines et des accidents du sol, fondé l'église de Lodève dont il fut le premier chef. Cette première partie de son œuvre accomplie, il part

---

(1) Les Bénédictins de Saint-Maur (*Hist. litt. de la Fr.*, II, 94) datent la lettre de Boniface du 13 juin 1419 et nomment les 14 évêques auxquels le Pape adressa sa circulaire de convocation : Patrocle d'Arles, Hilaire de Narbonne, Castor d'Apt, Constance ou Constantin d'Orange ; Rémi, Maxime, Sévère, Valère, Julien, Jean, Montan, Marin et Maurice, dont on ne connaît pas les sièges.

(2) *Concilia III*.

sous l'impulsion d'une inspiration divine « pour le mont Indiciac, au pays de Planèze », où Dieu l'envoie directement sans qu'il soit question de prédications dans les pays intermédiaires. Il se lève « comme un soleil en son Orient », l'image est de Hugue de Magnac, évêque de Saint-Flour en 1398, et il part avec un corps de mission complet, un prêtre nommé Geumard, l'archidiacre Just et onze disciples (1), lui demeurant le chef de tous. C'est une église, un établissement qu'il va fonder dans un lieu déterminé. On ne va pas évangéliser le désert; Indiciac existait donc, et même avec une certaine importance. Il n'en avait pas comme ville, les vestiges découverts en font foi; quelques monnaies gauloises du 1ᵉʳ siècle avant notre ère, des pièces impériales un peu plus nombreuses des quatre premiers siècles, mais encore assez rares, des poteries grossières, des débris d'armes, des objets frustes, sauf une assez jolie statuette gallo-romaine en bronze, trouvée au faubourg du Pont, mais pas un débris de temple ou de maisons de luxe, pas un fût de colonnes, pas un chapiteau romain. Indiciac devait tirer sa notoriété, au point de vue de l'apostolat, de ce qu'il était un foyer de paganisme. Florus venait détruire le culte des idoles, des hêtres et des chênes que la *Vetustissima legenda* spécifie. Indiciac est aux pieds du Plomb du Cantal, le plus haut sommet de la chaîne, certainement divinisé à ce titre.

Pendant le voyage, la mission eut à traverser un pays d'une aridité telle qu'elle n'y trouva pas une goutte d'eau et qu'elle faillit y périr de soif : de Lodève à Indiciac elle avait, en effet, à traverser les Causses, désert pierreux de 125,000 hectares, grand comme un de nos arrondissements (presque tout l'arrondissement de Florac et une partie de celui de Mende). C'est un plateau de 1000 mètres d'altitude moyenne, sans eau, sans arbres, parcouru de rarissimes pâtres avec de maigres troupeaux qui ont pris l'habitude, comme les chameaux, de

---

(1) Bernard Gui parle des disciples, Hugue de Magnac en dit le nombre.

passer des semaines et des mois sans boire (1). Un voyageur égaré peut fort bien, aujourd'hui encore, y mourir de soif dans certaines saisons. Les Causses s'étendent aussi sur une partie, mais une plus faible partie du Rouergue. Il n'y a pas, dans le trajet, une seule autre région où l'on puisse faire plusieurs marches sans trouver d'eau, surtout quand il s'agit d'une troupe de quatorze hommes au moins, parmi lesquels il y en a toujours de plus vigoureux pour battre le pays. La mission dut traverser les Causses vers le milieu de mai, l'Eglise de Saint-Flour fêtant le 1ᵉʳ juin comme le jour de son arrivée à Indiciac (2). Cette saison est parfois brûlante dans les Causses, quand l'année est sèche.

Ce Sahara offre un autre phénomène géologique. Les eaux pluviales absorbées par « la rocaille calcaire » du sol, rencontrent, à une grande profondeur, une couche imperméable et s'échappent sur les versants du plateau en sources nombreuses et d'un énorme volume. On en voit jaillir des rochers les plus secs en apparence et des endroits les plus invraisemblables.

Il n'est pas rare que, de nos jours, une légère excavation, quelques pierres soulevées, donnent issue à l'eau qu'elles compriment. Certes, Celui qui a créé les lois de la nature, peut en interrompre le cours; humainement, il faut convenir que ce phénomène s'adapte à merveille au récit. L'Oriental a l'expérience du désert, il est plus habitué à la chaleur et à la soif; plus énergique est aussi le chef animé de la foi absolue dans sa mission. Florus, laissant donc ses compagnons, se met en quête; illuminé par une de ces inspirations qui suffisent au miracle, il frappe le sol aride de son bâton pastoral, devenu aujourd'hui la crosse d'or, ou si l'on veut, il désigne

(1) Voir ce qu'en dit Elisée Reclus (*Géographie*). 6000 habitants seulement en tout pour ces 125,000 hectares; les 40,000 hectares de la Causse Méjean, territoire moyen de l'étendue de près de 40 communes de France, n'en comptent que 2000. Ils vivent dans les meilleurs coins, auprès de quelques mares d'une eau verdâtre et boueuse qui se dessèchent souvent. L'homme s'est habitué aussi à boire très peu. D'immenses espaces sont sans un être humain.

(2) Le 4 novembre est fêté comme anniversaire de sa mort.

du bout, la croûte calcaire sous laquelle la moindre fouille doit faire rencontrer l'eau. Elle jaillit, et tous sont sauvés. Comment ne seraient-ils pas restés saisis par une telle merveille ? Ils la transmirent aux générations suivantes. Désaltérés, la détente s'opère. Ils s'assoupissent tous et s'abattent sur le sol; c'est l'effet ordinaire constaté par les médecins en pareil cas. Après deux heures d'un sommeil réparateur, ils reprennent leur marche en avant. Et encore de nos jours, dit l'évêque de Lodève en 1329, et répète l'évêque de Saint-Flour en 1396, la source que Florus fit jaillir du sol « sert à abreuver une population nombreuse. » Bernard Gui donne le nom de *Bolisma* à la colline où s'accomplit ce miracle. Géraud Vigier voit *Bolisma* dans « Bleimat », aujourd'hui Bleymard, chef-lieu de canton de l'arrondissement de Mende (Lozère), à 18 kilomètres du chef-lieu. Les règles de la philologie ne s'y opposent pas plus que la route suivie par Florus en admettant un crochet pour chercher de l'eau. Libre aux étymologistes de rapprocher, d'apercevoir dans Florac le nom de Florus. Le problème leur est simplement signalé.

Alors Florus, harassé lui-même, monte sur un mulet, preuve que le pays était habité, et part seul en explorateur. Il arrive en Planèze, parcourt diverses montagnes jusqu'à ce qu'il ait découvert le mont Indiciac « où Dieu l'a envoyé ». Il le gravit joyeusement par un chemin abrupt et parvient à un rocher incisé. On ne dit pas si c'est par la main de l'homme ou par la nature. Les prismes basaltiques perpendiculaires qui forment un socle d'une dizaine de mètres de hauteur à pic au sommet de la montagne de Saint-Flour, et leurs pans coupés, à angles aigus, pentagones ou hexagones, dont les fragments détachés jonchent le sol, se prêtent bien à l'expression de Bernard Gui: *ad rupem excidentem veniens*, « la roche coupante »; le légendaire de Moissat corrige : *ad rupem excisam;* mais c'est une variante postérieure. Là, Florus s'assure de l'endroit où il pourra faire son établissement; puis « au bout de quelque temps », il rejoint ses disciples. — « Debout, frères, venez à pied et hâtons-nous d'atteindre le lieu où Dieu nous a ordonné de nous rendre. » Ils se lèvent et le suivent. Une colonne de nuées le jour, une colonne de feu la nuit leur indiquent le chemin. Libre encore à ceux qui se refusent aux miracles de voir là le chapeau de nuages qui coiffe souvent le jour le sommet du Plomb, même par un ciel très pur (1), ou les feux allumés sur les hauteurs par les soins de ceux que Florus vient de préparer à recevoir sa visite, fumées le jour, flammes la nuit. La légende, comme les belles âmes simples des temps légendaires, attribue toute manifestation extraordinaire à l'intervention directe du Créateur. Il se trouve encore sur ce point que le récit peut s'expliquer même sans interruption des lois auxquelles Dieu a soumis la nature.

Une fois à Indiciac, Florus monte sur la montagne — il arriva donc par le pied et non par le plateau, du côté de Murat — pour y édifier un temple, très probablement à la place d'un monument d'idolâtrie. L'intervention divine se produisit là une fois de plus par la marque sur le sol d'une ligne quadrangulaire qui figurait les fondations du sanctuaire à élever. Une autre tradition attribue la désignation de l'emplacement à une chute de neige qui fondit partout excepté sur les points où elle dessina un quadrilatère.

Les missionnaires construisirent donc leur église en ce lieu; et depuis, nul des plus hauts dignitaires de l'Eglise n'en consacra l'abside ; c'était la tradition de l'Eglise que les basiliques d'origine divine n'avaient pas besoin de consécration.

Florus vécut là longtemps, convertit d'innombrables païens à la religion du Christ et « il institua ses disciples aux pieds d'une montagne extrêmement haute » qui n'est pas Indiciac (2), et paraît indiquer le Plomb. Dans cette « institu-

(1) Même phénomène en Basse-Auvergne, où il n'y a pas un habitant qui ne connaisse le « chapeau du puy de Dôme ».

(2) C'est après avoir parlé d'Indiciac pendant plusieurs paragraphes, et l'avoir nommé simplement *montem* par trois fois, que la légende de Gui parle tout d'un coup du pied d'un *altissimus mons* à propos de cette seconde église, sans aucun rappel indiquant que ce fût la même. Il s'agit

tion » de communauté, il faudrait voir le premier monastère de Haute-Auvergne, et le lieu qui conviendrait le mieux au texte serait peut-être Valuéjols. Ce bourg était sous les Carlovingiens, et resta jusqu'en l'an 1000, la capitale administrative de la plus grande viguerie de Planèze (1), circonscription du comté de Talende, taillée apparemment sur le territoire de la peuplade primitive. Indiciac en dépendait.

Florus mourut à Indiciac en faisant ses recommandations aux disciples qui l'entouraient. Après sa mort, ceux-ci construisirent sur place, en son honneur, une église dédiée à saint Pierre, apôtre; les malades qui l'imploraient y retrouvaient la santé; et l'affluence des gens autour de son tombeau, fit naître la ville de Saint-Flour, conclut la Vetustissima légenda.

Si un gros bourg se forma autour de la fondation de Florus à Indiciac, ce que l'on ignore, sa prospérité ne survécut point

donc d'une montagne beaucoup plus haute. Saint-Flour est dominé de toutes parts; mais à l'horizon surgit le Plomb comme le berger de ce troupeau de montagnes inégales.

(1) Le comté de Talende, l'une des six grandes subdivisions d'Auvergne, mesurait plus de 30 lieues de long depuis Gergovia jusqu'à Saint-Urcize et comprenait une faible partie de l'arrondissement de Clermont, presque tous les arrondissements d'Issoire, de Murat, de Saint-Flour et une assez bonne partie de l'arrondissement de Mauriac. — Pour Valuéjols, voici quelques textes, il y en a d'autres: — En déc. 929, Nouvialle, *Novavilla* (commune de Valuéjols), est dit situé *in pago Arvernico*, *in comitatu Telamitensi*, *in vicaria* de Avologile (Cartul. de Brioude, ch. 42). — Les Maisons, *Illas Maiadas*, même commune, sont dites, en 952, *in comitatu Telamitense*, *in vicaria Avaloiole* (Ibid., ch. 229), et *in patria Arvernica*, *in vicaria Avaloiolo* en 930 (Ibid., ch. 213). — Jarry, *Jarrie*, commune de Paulhac, en 996-1000 : *in pago Arvernico*, *in vicaria Avolo'olense*, *in territorio Aplanesa* (Ib., ch. 149; comp. ch. 43 du Cartulaire de Conques). A noter l'habitude d'incorporer la préposition à dérivée de *ad*; elle est assez répandue alors. — *Vicaria de Avaiolo*, vers 1000 (Cartulaire de Brioude, charte 308). — *Vicaria de Avoloio*, IXᵉ s. (Baluze, *Maison d'Auv.*, t. 1 in fine, fragments des Tables de Brioude). — *Bernardus de Avalogiolo*, en 1085-1087 (Cart. de Conques, ch. 396. — *Parrochia Vologii* en 1319 (Arch. Saint-Flour. Petite boîte; titres non inventoriés). *Avaloujoul*, *Valoujoul*, *Valeujol* aux XVIᵉ et XVIIᵉ s. (Arch. dép. Cantal, série E, nᵒˢ 139 à 155).

aux invasions sarrazines et normandes qui détruisirent les abbayes de Brioude (1) et de Conques (2) entre lesquelles il se trouvait; puisque, nous venons de le voir, Valuéjols fut la capitale du pays de Planèze sous les derniers carlovingiens. Elle ne cessa de l'être que par la révolution féodale de la seconde moitié du xᵉ siècle et du règne du roi Robert, qui engloutit les vigueries pour leur substituer des seigneuries particulières, couvrit la Planèze d'incendies et de destructions (3), et détròna Valuéjols au profit d'Indiciac, dont le comtour de Nonette et son vassal Amblard de Brezons firent, aux environs de l'an 1000, le chef-lieu féodal du pays. Mais le corps du saint, gardé à Indiciac par une communauté de moines suivant l'usage de l'Eglise, n'aurait été détruit ni par ces révolutions ni par le renversement du monastère qui lui servait encore d'abri en 996-999, lorsque ces magnats montagnards construisirent leur forteresse à la place. La ville, dont parle le légendaire, est incontestablement celle que fit naître au xiᵉ siècle la restauration du monastère, œuvre de saint Odilon.

Enfin milite en faveur du Florus du vᵉ siècle, le nom de son archidiacre Just, qu'on retrouve à la fois dans la légende de Bernard Gui et dans Grégoire de Tours. Un Just, archidiacre, fut enseveli à Clermont dans le tombeau de saint Abraham, mort vers 460, qui, rapprochement singulier, était également, dit-on, originaire de l'Orient et fonda, lui aussi, le premier monastère de la Basse-Auvergne (4). Le culte de saint Just resta honoré dans le pays de Saint-Flour; il est le patron d'une paroisse du canton de Ruines,

(1) Cartul. de Conques.

(2) Cartul. de Brioude.

(3) En outre de l'*Inventoria*, voir les *Miracula S. Fidis*, spécialement le manuscrit de Schlestadt renfermant les preuves de ces guerres de dévastation dans la Planèze, dans la première moitié du xiᵉ siècle, pendant la révolution féodale.

(4) Notes sur les trois Just de l'Eglise de Clermont, dont deux archidiacres, avec sources citées aux *Pièces justificatives* sous le § 6 de la légende de Bernard Gui.

précisément située sur le trajet direct entre Lodève et Saint-Flour.

Voilà la légende. Et pour en revenir à la traversée d'un pays assez désert et assez privé d'eau, en pleine France, pour que quatorze hommes habitués aux chaleurs méridionales aient été sur le point d'y périr de soif, elle nous paraît très frappante et très topique. Même dénué de tout le côté merveilleux, ce récit, qui ne peut s'appliquer qu'à une seule région française, aux Causses, sur la route de Lodève à Saint-Flour, apporte, il en faut convenir, non point la preuve, mais un certain concours à ce fait que le Florus sanflorain serait venu de la Narbonnaise, et à l'hypothèse qu'il est le Florus du concile d'Arles.

Encore faut-il savoir gré à la légende de Lodève et de Saint-Flour, du xiᵉ au xivᵉ siècle, de n'avoir pas fait de Florus un évêque d'Indiciac. La Haute-Auvergne ne devint diocèse qu'en 1317, le contemporain Bernard Gui le savait mieux que personne, puisque le fait s'opéra tout-à-fait de son temps, et par la volonté de son protecteur Jean XXII. On ne trouve aucune trace, dans l'histoire, que Saint-Flour ait jamais formé une de ces petites circonscriptions épiscopales du haut moyen-âge supprimées de bonne heure comme *Arisitum*, près de là en Rouergue. Seuls, quelques commentateurs du xviiᵉ siècle et quelques propres, relativement récents, de Saint-Flour, de Vabres, ou autres diocèses, lui ont décerné ce titre. C'est une raison de plus de respecter la légende même en l'émondant. Florus fut vraisemblablement un évêque dans le sens large du mot *épi-scopos*, un surveillant, un prêtre au-dessus des autres, un chef d'église ou de missions, un évêque sans évêché, comme il y en eut dans les premiers siècles, ambulant, portant la parole de Dieu là où le besoin était le plus pressant. La volontaire obscurité où il désira mourir sur son rocher d'Indiciac, ne lui laissa peut-être d'abord que les proportions d'un saint homme, d'un simple fondateur de paroisse et de *cella* dans la montagne ; et sa mémoire grandit-elle à la fin du xᵉ siècle seulement par les miracles accomplis sur son tombeau et les violences dont son monastère fut l'objet ? . Simple conjecture à la vérité, et qui n'aurait d'autre mérite que d'expliquer le silence de Grégoire de Tours.

Qu'il y ait eu des idoles à renverser, des païens à convertir dans la Haute-Auvergne, au milieu ou dans la seconde moitié du vᵉ siècle, cela n'a rien que de conforme aux données générales de l'histoire. Ce n'est pas par là que pourrait pécher la légende. Le fait est officiellement établi pour des époques bien plus modernes par les capitulaires fort connus des deux premières races ; que l'idolâtrie ait été plus persistante là où la ténacité fut de tout temps une des facultés saillantes du caractère national, et où les sources ni les montagnes ne manquaient au culte des phénomènes naturels, c'est assez croyable. Que la légende sacrée, saisie d'un Florus évangélisateur de ce pays par le souvenir transmis de génération en génération, en ait fait facilement un envoyé de Pierre, l'amour-propre de clocher aidant, il n'y a rien là non plus qui ne convienne à sa nature et à celle de l'homme.

Donc, s'il me fallait absolument et dès maintenant conclure, ce serait pour dire que dans l'état actuel de nos connaissances, il est plus probable que Florus vécut au vᵉ siècle.

Quoi qu'il en soit, la légende mise en écrit par Bernard Gui était bien celle qui avait cours sous Philippe le Bel et ses fils, nous pouvons nous en tenir pour assurés. On trouvera aux pièces justificatives quelques détails sur la valeur historique de ce prélat.

§ VI. — Importance du culte de saint Florus au moyen-âge

Si Florus ne fut pas un de ces saints qui appartiennent à toute la France, il fut quelque chose de plus qu'un saint abso-

lument local. Il sera facile à son historien de relever dans les
six diocèses que nous avons cités, les lieux où son culte se
répandit, où des églises s'élevèrent sous son vocable entre le
millénaire et le xiiie siècle. Saint-Floret dans le Puy-de-Dôme
(*Sanctus Florus* dès avant le xiiie siècle) (1), et l'église de
Saint-Flour, de la commune de Sauvessanges, même dépar-
tement, constatée en 1035, sont vraisemblablement parmi les
plus anciens. Il sera utile de préciser, pour chacun de ces
lieux assez nombreux, la date la plus reculée possible où
leur dénomination est prouvée, afin de faire ressortir l'époque
où le culte de leur patron fut le plus en honneur. Dès le
xie siècle, celui de sainte Foi lui fit une rude concurrence en
Haute-Auvergne et jusqu'aux portes de Saint-Flour, par la
vogue dont il fut entouré et le zèle des moines de Conques.
Je me contenterai de signaler quelques particularités qui
auraient plus de chances d'échapper à l'attention du cher-
cheur. C'est ainsi qu'en dehors des lieux appelés Saint-Flour
dans la région, dont la nomenclature est peu méritoire vu
que c'est une affaire de dictionnaire, et de l'église de Saint-
Flour que nous révèle le cartulaire de Chamalières membre du
Monastier Saint-Chaffre en Velay, sous la date de 1035,
l'église de Volvic près Riom possède une statue de saint
Flour, dont les habitants ont fait, je ne sais trop pourquoi, le
patron des vignerons.

La discussion des propres des divers diocèses, de leur date,
de leur valeur trop souvent contestable ; la recherche et la
publication des authentiques, des procès-verbaux de visite de
reliques ; les investigations sur le sort réservé aux dépouilles
du saint par la révolution, sur la manière dont elles ont pu
franchir la sauvage crise de l'an ii, si toutefois elles l'ont
franchie ; les documents sur son culte, sur les miracles spéciaux qui lui sont attribués jusqu'à la fin du moyen-âge, car

(1) Ou Saint-Flour-le-Chastel. Pour le différencier de Saint-Flour,
chef-lieu du diocèse, on finit, mais assez tard, par le désigner sous un
diminutif : Saint-Floret, le petit Saint-Flour.

depuis lors la chose a moins d'intérêt historique ; autant de points relevant plus particulièrement du prêtre érudit à qui je laisse le soin de raconter Florus. Ils sont accessoires à mon sujet.

Pour fortifier les généralités du *Sanctoral* et du mandement de Hugue de Magnac, publiés dans ce mémoire, au sujet de ses miracles et du culte qu'on lui rendait, voici quelques textes inédits ou curieux qu'il pourra utiliser :

Le poète Deschamps (1), oublieux des souffrances qu'il avait endurées quand il était prisonnier des Maures, maudit ainsi, dans le premier couplet de sa ballade, les truands et truandes, mendiants, loqueteux, infirmes ou feignant de l'être, qui encombrent la porte des églises en demandant l'aumône :

> Je ressoigne (2) aler au moustier
> Par les larrons de Jhésuscrist
> Truans, cagneus, qui aidier
> Se pretent bien (3) ; dont li vous dit (4) :
> « Adonnez au povre *qui languit*
> *Du MAL* saint Fiacre en grief de lour (5)...
> De saint Moz et de saint Gratien,
> De saint Aquaire et *de SAINT FLOUR :*
> Mais ce sont tuit larron à Dieu (6).

Chaque maladie avait un saint plus pitoyable pour elle que les autres. Les enfants scrofuleux et rachitiques étaient baignés, en Haute-Auvergne, dans la fontaine de Saint-Martin (7) ;

(1) Eustache Deschamps, Champenois né au milieu du XIVe siècle, mort en 1421, avait beaucoup voyagé. Il est venu au Puy et très probablement à Saint-Flour.

(2) Je répugne.

(3) Ils pourraient bien s'aider de leurs membres, ils simulent des maladies.

(4) Ils vous disent.

(5) Ici manque un vers.

(6) Œuvres complètes d'Eustache Deschamps, publiées aux frais de la *Société des anciens textes français*, t. VII, p. 54. Editées par M. Gaston Raynaud.

(7) Brioude. *Topographie médicale de la Haute-Auvergne.*

la lèpre s'appelait « le mal Saint-Mein » (1). Mon regretté et très savant ami, Augustin Chassaing, pensait que le « Mal Saint-Flour » était une affection de la peau, teigne ou maladie du cuir chevelu (2). Je ne sais ; mais il est certain qu'il y avait une maladie appelée, au xiv⁰ siècle, à Saint-Flour *pelsicadura*, peau-sèche, sorte de psuriasis. Les gens, pour dévôts qu'ils étaient à leur patron, ne négligeaient pas d'employer les remèdes humains pour cela, s'aidant eux-mêmes ainsi que le ciel le veut. C'est ainsi qu'on voit les consuls sanflorains commander, au mois de février 1401, une chandelle de 25 sous du temps, c'est-à-dire un cierge colossal « *una chandela per ardre davant saint Flour, que fos faytu per causa de la mortalitat* » et très peu de temps avant « faire porter » aux eaux de Chaudesaigues, aux frais de la commune, un pauvre diable atteint, disent-ils, de « *la pelsicadura* » (3).

Les consuls priaient le saint avant d'aller à la bataille contre les Anglais ; on le priait pendant les combats, au moment des négociations, des épidémies, pour la paix ou pour la décharge des impôts. Pendant que les troupes de la ville donnaient l'assaut à la forteresse de Montgieux avec le maréchal de Sancerre, le 20 septembre 1382, la municipalité fait dire une messe « *en l'altar de Moss. Saint Flor, afin que lo Saint Espritz et Moss. Saint Flor lo volgues ajudar* » (*Reg. consul.*, p. 181). Il était le confident, l'ami, le protecteur, le père. On célébrait pompeusement sa fête du 1ᵉʳ au 4 juin ; mais jamais ce ne fut avec autant d'éclat qu'en 1392, l'année qui suivit l'évacuation générale des Anglais. On nomma un *rey de la festa* qui, après avoir ébloui sa capitale des splendeurs des processions, parcourut pendant quatre jours encore ses Etats, entouré de toute sa cour. On était à la joie ; les consuls firent de larges distributions de vin aux figurants de cette cavalcade (4).

(1) Brioude. *Topographie médicale de la Haute-Auvergne.*
(2) Sa lettre du 5 décembre 1890.
(3) *Reg. consul. de Saint-Flour*, sous presse.
(4) *Ibid.*

On sortait le corps de saint Florus dans les grandes circonstances; on en trouvera divers exemples aux registres consulaires du xiv⁰ siècle. En 1408, les Anglais viennent de rentrer en Auvergne; de Charlus-Champagnaguès (arrondissement de Mauriac) qu'ils ont repris, leurs détachements sillonnent la Planèze et rôdent autour de Saint-Flour délivré depuis quinze ans de leur présence; peu avant ils avaient réoccupé Valcaylès, château du Carladès. Les Sanflorains se souviennent des désastres accumulés sur eux par trente-huit ans de guerre; et la peste les menace en outre. On sort donc, le 16 août 1408, « *lo cors de Monsenhor saint Flor* » et on le promène processionnellement par la ville dans un cercueil contenant sa châsse et porté sur un brancard fourni par la caisse communale (1). L'évêque et le chapitre accordaient aussi parfois de le sortir le jour de la Pentecôte (2). Les 80 à 100 prêtres de la ville n'étaient pas les seuls à lui faire cortège; toute la municipalité était là; et en 1416, comme les gens d'armes battaient la campagne aux environs, les trois consuls Philippe Jouvenroux, Érail Aymeric, Pierre du Puy, leurs jurats, leurs conseillers, les notables et une quantité de citoyens armés firent au « *cors de Monsenhor saint Flour... lo jour de Penhecosta* » une escorte défiant toute surprise (3).

Je ne voudrais pas jurer que cette manière d'écrire en roman le *corpus santi Flori* dans de nombreux passages des

---

(1) « Per far l'cmbalas (baillard, brancard) per portar *lo cors de Monsenhor saint Flor*, per... ung chabro (*chevron*)... una post (*planche*)... un selcle (*cercle*)... tachas (*clous*) et chandelas... VII s. II den. — Per VI pichers vin donatz als trompadors et sous lo digmergue ce XVI d'aoust que fos fayta la procession et gitatz (*sorti*) lo cors de saint Flour, IIII s. » (*Reg. consul. de St Flour de 1408*, fol. 22 v⁰).

(2) Reg. *passim*. Mais on ne le sort pas régulièrement toutes les Pentecôtes. On est prudent, très ménager de lui.

(3) « Ont paghat los senhors cossols per despensa fayta la vespra et lo joru de Penthecosta per far gitar (*sortir de la cathédrale*) lo cors de Monsenhor saint Flor, per los senhors cossols am plusors juratz del cossolat, et los que y aneront armat, et los trompayres; per tot VI s. VI den. » (*Reg. consul. de 1416*, fol. 27 v⁰). — En 1414 on avait aussi sorti, à l'occasion d'une épidémie, appareillé le brancard « per portar *lo corps saint [de] saint Flour* » (*Reg. 1416*, fol. 39 v⁰).

registres municipaux du moyen-âge, n'ait mis en défaut quelque lecteur inexpérimenté du commencement de ce siècle, ne lui ait fait prendre la dépouille du saint pour un instrument de musique, et n'ait ainsi contribué de la sorte à la pseudo-légende du Cor de saint Flour dont nous parlerons dans un instant. Ce que nous devons en retenir, nous, c'est d'abord que non seulement des reliques mais le corps même du saint existe encore dans la cathédrale à la fin du moyen-âge ; c'est aussi que le choix du jour où Jésus apparut à ses disciples, comme époque normale des cérémonies extérieures de son culte et de l'exhibition de son corps dans les rues, indique le maintien de la tradition apostolique.

Les érudits arrangeront les choses dès l'origine, comme ils pourront. Il en est qu'ils ne pourront plus modifier désormais ; c'est que, historiquement, Florus était honoré comme un saint au x⁰ siècle ; qu'il est le vrai fondateur de la ville ; et que sa légende, à ne la considérer que comme une auréole, telle qu'elle est, fort belle, atteste au moins le très grand prestige dont son culte était entouré.

CHAPITRE II

LES LÉGENDES FABULEUSES

———

Le rôle de démolisseur de légendes est des plus ingrats. Le public est ainsi fait qu'il aime ce qui est facile, joli à raconter, le merveilleux tout prêt. Tout en ne tenant guère au fond des choses, il lui est désagréable qu'on change ses habitudes, et le fâcheux qui procède au déménagement est d'autant plus mal venu peut-être qu'il démontre l'erreur plus certaine.

Les temps romantiques ne sont plus pourtant où l'on se contentait d'à peu près, et il faut se résigner à l'abandon des histoires, si l'on veut que l'histoire reste debout. Les légendes graves n'en seraient même plus les vignettes ; elles perdraient ce charme vague du possible qui les entoure comme d'un voile d'encens, si on ne les débarrassait d'un tas de fausses traditions parasites, dont s'accommodaient fort bien nos pères, dans les époques d'action, mais qui sont, de nos jours, un véritable danger pour elles, par la solidarité qu'on leur impose. Nés dans une époque où règne la critique, il faut savoir nous en servir pour n'en pas subir l'erreur ou l'injure.

Et c'est surtout en matière d'histoire sacrée que ceux qui la respectent ont intérêt à sacrifier nettement toutes les fantaisies afin que, de leur inanité, nul ne puisse se faire, le jour de la discussion venue, une arme contre elle et contre eux.

§ 1. — Le Cor de saint Florus. Sa légende

L'une des reliques les plus intéressantes de Saint-Flour, celle qui est entourée de la plus grande notoriété populaire, est la Corne d'ivoire que l'on croit avoir appartenu au saint et dont il se servait, ajoute la tradition, pour appeler à la prière les païens qu'il avait convertis.

Ce cor légèrement cintré, suivant la courbe naturelle des défenses d'éléphant, est ce qu'on appelait un olifant, au moyen-âge. Il est d'un ivoire jauni et strié de veines longitudinales d'un brun rougeâtre, de forme sensiblement octogone, et les arêtes peu vives des angles sont çà et là perceptibles à peine, soit par suite de l'usure, soit parce que le peu d'épaisseur des parois ne laissait pas assez de matière à l'ouvrier pour bien marquer les méplats, soit enfin que telle fût sa forme naturelle. Il mesure 43 à 44 centimètres de longueur en suivant la courbure depuis le sommet de l'embouchure très bien conservée jusqu'à l'extrémité de la trompe légèrement ébréchée sur les bords. Il est en deux pièces. La partie supérieure, celle de l'embouchure, a 11 centimètres de long et 1 centimètre seulement d'ouverture. Elle s'encastre dans le corps principal de l'instrument; un collier saillant, une sorte de virole taillée en plein ivoire sert à dissimuler la jointure du raccord des deux pièces. La partie principale, qui va en s'évasant modérément de la jointure à la trompe, mesure dans sa longueur 28 centimètres et demi environ. Enfin, l'ouverture de la trompe a 17 centimètres de circonférence. L'instrument n'offre ni sculptures, ni ornementations de luxe : il est très simple.

Il y a quelques années, Monseigneur de Pompignac fit don de la partie supérieure au couvent de la Visitation de Saint-Flour. Elle y est conservée précieusement dans un reliquaire.

La partie inférieure, qui est la plus importante, est enfermée à la cathédrale dans un autre reliquaire affectant élégamment la torme de l'objet. Dans chacune de ces capsules, la relique est scellée du sceau épiscopal. Sur ma prière, Mgr Lamouroux a bien voulu faire ouvrir les deux reliquaires, rompre les sceaux et faire photographier par son secrétaire, M. l'abbé Fournier de Pompignac, d'abord les deux parties séparées, puis l'olifant tout entier, reconstitué par leur réunion. L'évêque de Saint-Flour s'est prêté à tout cela, non seulement avec une complaisance dont je le remercie, mais avec une largeur d'esprit qui lui fait singulièrement honneur ; car je lui avais annoncé que ces photographies étaient destinées à être soumises à l'appréciation des savants spécialistes, et il pouvait se faire que l'examen consciencieux de la pièce aboutit à prouver qu'elle n'avait rien de commun avec le patron de son église; que la croyance générale reposait sur une erreur, et que, par conséquent, l'objet n'était qu'une pseudo-relique. Il faut une véritable élévation, et une intelligente sincérité chez le chef d'un diocèse, pour aller au devant d'un contrôle où la tradition pouvait succomber sans retour. Mais l'Eglise n'était nullement engagée, et Monseigneur a opiné pour la vérité avant tout, sans équivoques et sans ambages.

La Corne d'ivoire a-t-elle pu servir à l'usage que la soi-disant tradition lui attribue? Est-elle la Corne de saint Florus? A quelle époque l'objet paraît-il remonter? Quelle était sa destination? Est-elle une véritable relique? Telles sont les questions que nous avons à examiner.

La première sera vite résolue par l'évidence, l'orifice de l'embouchure n'ayant qu'un centimètre d'ouverture, et la trompe un diamètre à ce point de cinq centimètres environ, il ne faut pas songer à trouver dans ce cor minuscule un instrument assez retentissant pour appeler le public aux prières, non pas seulement dans les montagnes, mais même dans un village. Il ne pouvait se faire entendre qu'à une très faible distance, si toutefois il est capable d'émettre un son, ce qui est douteux. L'évidement intérieur semble en tous cas trop grossier pour pouvoir le propager. En quoi il ressemble à beaucoup d'autres objets pareils dont la destination était purement figurative.

La seconde ne nous arrêtera pas longtemps non plus. On ne peut tirer aucune preuve d'antiquité gallo-romaine ni même des premiers temps de l'époque médiévale, de la forme sans caractère de l'objet. Il peut aussi bien appartenir aux xie et xiie siècles qu'à la fin du moyen-âge. On ne possède à Saint-Flour aucun authentique le concernant antérieur à la Révolution. Il est difficile de supposer qu'aucun souvenir écrit, antérieur aux guerres de religion, ne nous soit parvenu d'une telle relique si vraiment on eût cru, dès l'origine, qu'elle avait appartenu au saint à qui la ville doit sa naissance; non moins étonnant que le Père Dominique n'ait relaté dans son livre fort détaillé, ni sa présence à Saint-Flour, ni la tradition qui s'y serait attachée, lui qui s'est si longuement étendu sur la tradition des trois A. De ce silence il faut rapprocher un fait aujourd'hui bien connu : à savoir que ce sont les pèlerins de Terre-Sainte, et surtout les Croisés qui ont apporté les objets d'ivoire aux églises et aux monastères de leur pays. Avant les Croisades, l'ivoire était de grand prix, rarissime, hors des très riches églises et des maisons de grands seigneurs.

L'évêque Begon, qui tenait le siège épiscopal d'Auvergne aux environs de l'an mille, fit dresser l'inventaire du trésor de son église cathédrale, puissante et riche. On y voit des objets d'or, d'argent, de bronze, même du verre, mais pas un seul en ivoire ; des reliquaires, des burettes, des phylactères, des calices, des tables d'argent, des coussins, des fauteuils, trois paires de gants, des patènes, des encensoirs, des gonfanons, des chappes, chasubles, aubes et palliums, toutes sortes d'ornements d'églises, d'objets liturgiques, 56 livres de monnaie, et pas la moindre trompe (1). Le cor

(1) *Annales histor. de l'Auvergne* XII. 97-101. Texte publié par M. Gonod, bibliothécaire de la ville de Clermont. — Le riche trésor de Boniface VIII, dont l'inventaire fut dressé en 1295, renfermait une multi-

de la cathédrale de Clermont a donc été acquis plus tard. Nous n'avons aucune trace de l'existence de cors d'ivoire dans les églises de la province avant les Croisades.

A partir des Croisades, ils devinrent assez répandus ; on en vit entre les mains des veneurs de noble race ; chaque église, chaque couvent d'un peu d'importance, voulut bientôt avoir son olifant, et on les employait à de certaines cérémonies liturgiques, nous l'allons démontrer tout à l'heure. Les églises opulentes en possédaient de magnifiques par les proportions et les sculptures qui en fouillaient l'ivoire ; peu riches, elles en avaient de très simples comme celui de Saint-Flour.

Des opinions, sur ce point concordantes des archéologues, j'extrairai celle de notre très compétent compatriote, M. Henri de la Tour, chef de bureau au Cabinet des médailles de la Bibliothèque nationale, l'un de ceux à qui j'ai soumis la photographie de la Corne de Saint-Flour : « Il est exact de dire que *dans les monastères et les églises on conservait autrefois avant la Révolution, des cornes et des olifants. Les musées de France et d'Europe possèdent un assez grand nombre de ces instruments fabriqués à toutes époques, surtout du XIIe siècle jusqu'au XVIe. Il y en a un au Cabinet de France qui provient de la Chartreuse de Portas, et a été donné par le duc de Luynes. On en voit un autre fort beau au Musée de Toulouse. Enfin on en trouverait un peu partout, si l'on faisait une enquête sérieuse* (1). »* Presque tous ceux des Musées, dont on connaît la provenance, viennent des églises ou des monastères, où le cor d'ivoire était un objet du culte, pour ainsi dire classique.

Il y avait une corne d'ivoire à la cathédrale de Cahors, une

---

tude d'objets précieux de tous les métaux, de cristal, filigranés, niellés, sertis de pierreries, figurant des animaux, des candélabres portés par des éléphants ; on n'y voit l'ivoire employé que pour des icones au nombre de 16 (n°s 706 à 714). — *Biblioth. de l'Ecole des chartes* — *Inventaires du trésor du Saint Siège,* 1882, pp. 276, 626, et 1884, p. 30-57. Em. Molinier.

(1) Lettre de M. de la Tour.

autre à la cathédrale de Rodez. Cette dernière, d'après la tradition locale, attestée par un manuscrit de la bibliothèque de l'évêché rédigé vers la fin du règne de Louis XIV, était la corne « dont saint Amans (le premier évêque des Ruthènes) se servait pour appeler les fidèles à la prière (1) », absolument comme à Saint-Flour, sans qu'on sache si c'est Rodez qui a imité Saint-Flour, ou Saint-Flour qui s'est laissé impressionner par Rodez.

Notre-Dame de Rocamadour avait de même sa corne en ivoire d'éléphant; elle l'a encore. Le pèlerinage était riche d'offrandes, aussi l'instrument est-il superbe. Seulement, comme le goût du merveilleux ne pouvait l'attribuer à la Vierge, patronne du lieu, il devint dans l'imagination populaire échauffée des romans de la Table ronde, il devint « le cor de Rolland ». C'est toujours le même sentiment impulsif : donner une origine illustre et merveilleuse à un objet si singulier et si précieux.

Je me suis restreint aux provinces limitrophes pour ne pas parcourir toute l'Europe. Etait-ce la même chose en Auvergne? Absolument. La cathédrale de Clermont eut sa trompe d'ivoire faite « *de la dent d'un éléphant, qui avait la figure d'une corne* (2) ». La cathédrale de Clermont était beaucoup plus riche que la nôtre. On ne sera donc pas surpris d'apprendre de la bouche du même auteur, un chanoine de Clermont du xviiie siècle, qu'elle était « *travaillée en ciselure avec le plus grand art* (3) ». Cette corne d'ivoire n'est autre, croit-on, que celle du musée de Clermont. Si cela est, il faudrait y voir un don de grand seigneur ; des sujets de vénerie sont sculptés sur sa circonférence. Elle est, en tout cas, fort belle.

(1) Lettre de S. Em. le cardinal Bourret, évêque de Rodez et de Vabres, du 18 mars 1896.

(2) *Notes sur d'anciens usages de la Cathédrale de Clermont*, par l'abbé Micolon de Blanval, xviiie siècle.

(3) *Ibid.*

On peut donc considérer comme hors de conteste, que la
corne d'ivoire faisait, avec beaucoup d'autres, partie de
l'outillage ordinaire de la liturgie.

Maintenant, quelle était sa destination dans les cérémonies du culte? Si nous ne nous contentons pas de règlements
généraux pris dans le territoire de la France, si nous établis-
sons par textes authentiques de Saint-Flour que, spécialement dans ce diocèse, avant les guerres de religion, la corne
d'ivoire était un instrument officiel du culte, et d'un culte qui
ne s'adressait point à saint Florus, il faudra bien convenir
que nous aurons administré d'une façon topique la preuve
de la fausseté de la tradition.

Or, nos documents sont si formels qu'ils ne permettent
aucune équivoque; et si clairs, qu'ils nous dispenseraient au
besoin d'aller leur chercher des confirmations au dehors,
bien qu'elles y abondent; et je remercie, à ce sujet, Son
Eminence le cardinal Bourret et notre très aimable collègue,
M. Antoine Vernière, qui présidait, il y a peu de temps, et
présidera encore la Société académique de Clermont, des renseignements qu'ils ont bien voulu me faire passer; merci
également à M. Henri de la Tour de la consultation dont il a
bien voulu corroborer si complètement mon avis.

Un beau missel, imprimé à Clermont, chez le libraire Jean
Durand, en 1554, et conservé dans la bibliothèque du Grand-
Séminaire de Saint-Flour, règle ainsi qu'il suit les cérémonies
du jour de l'Ascension, dans tout le diocèse de Saint-Flour :
— « Le même jour, pendant que l'on dit les Tierces, quatre
jeunes gens, nobles par la naissance et la beauté, seront re-
vêtus de tuniques. Trois d'entre eux porteront des bannières,
le quatrième portera LA CORNE D'IVOIRE, CORNU EBURNEUM.
D'autres officiants les suivront, à savoir le diacre hebdomadier pour asperger d'eau bénite, et le sous-diacre portant le
bénitier; six ou sept porteurs de cierges; deux ou trois
thuriféraires; deux diacres portant deux petites croix, les
reliques et les reliquaires; le prêtre avec son diacre et son

sous-diacre et le livre des oraisons, etc... » Puis, après l'ordre des officiants, vient l'ordre des prières chantées ; « le chantre, armé de la verge. entonne le *« In die resurrectionis »*, à quoi l'hebdomadier répond : *Ascendit Deus in jubilatione.*

Suivent d'autres versets chantés comme les précédents, pendant la procession. Le cortège arrive enfin à l'église, entre dans le chœur; la messe commence et le missel prescrit d'entonner après l'épître, le verset alleluiaque : *« Ascendit Deus in jubilatione et Dominus* IN VOCE TUBE. Alleluia (1). »* C'est l'ascension au ciel « au bruit de la trompette » que figure le cor d'ivoire dans cette cérémonie. On a remarqué déjà que le Missel ne prescrit pas à l'éphèbe de sonner du cor d'ivoire à cette procession, mais simplement de le « porter » à côté des trois porteurs de bannière. Les *vexilla* du psaume étaient symbolisés à Saint-Flour, aux xive et xve siècles, par l'envoi de l'étendard blanc et vert de la ville à la procession de l'Ascension. C'était la seule où on le sortit.

L'usage liturgique du cor d'ivoire à Saint-Flour, sans aucun rappel du patron, est donc prouvé d'une façon péremptoire.

On s'y servait aussi, ainsi que dans tout le diocèse, de « CORNES » le vendredi et le samedi saints, depuis la sixième heure du vendredi, jusqu'à la sixième heure du lendemain. pendant que les cloches étaient, en signe de deuil,

---

(1) Voici, au surplus, littéralement les deux passages essentiels du Missel de 1554, fol. xcvi. recto et verso :

« *In die Ascensionis Domini eodem die, dum tertia dicitur quatuor juvenes parentela et forma nobiles, induantur tunicis ; quorum tres tria deferant vexilla, quartus eorum* PORTET CORNU EBURNEUM. *Hos sequentur alii ministri, videlicet dyaconus et subdyaconus, hebdomadarius ad aspergendam aquam benedictam. et subdyaconus cum ureola, etc...*

Et après la procession rentrée : *Et venient ad portam ecclesie que respicit a meridie. Ibi incipiat cantor : O rex glorie.*

Tunc ingrediuntur ecclesiam et chorum. Et cantor et quinque canonici chori provisores incipiunt missam celebrem et solemnem : Viri Galilœi... (comme au missel romain, et après l'épître) : *Alleluia. Ascendit Deus in jubilatione, et Dominus* IN VOCE TUBE. *Alleluia.*

condamnées au silence; plus tard on les remplaça par les ·crécelles (1). Mais ces cornes-là sont de celles dont on use pour « *corner* », pour « *tromper* » réellement. Ainsi, même le jour de l'Ascension, comme le jour du « Corps-de-Dieu » (la Fête-Dieu) et le jour de Pâques, les sergents de la ville et les ménétriers « *cornent* » et touchent à la procession « davant Monseigneur Saint-Flour », et devant le corps de Dieu, ainsi que l'attestent les consuls de la ville, dans leurs registres de comptes des xiv⁰ et xv⁰ siècles (2). Ceux-là, c'est les musiciens, la musique municipale, c'est l'orchestre du temps, les orphéons du nôtre; les consuls leur payent à boire. Ils manifestent la participation volontaire du peuple chrétien à son culte; mais ils ne font point partie du cortège liturgique de l'Eglise. Il n'est point question de cette musique civile dans l'*Ordo* de 1554. Aucune confusion n'est donc possible entre ces cornes ou trompes de n'importe quelle matière, cuivre, airain, ou corne de bœuf, dont on se sert pour faire de la musique, et la « corne d'ivoire » dont la matière est soigneusement indiquée et que l'on se contente de porter comme des « paix », des monstrances, des encensoirs, des chandeliers à sept branches, des bannières ou d'autres emblèmes.

Le Missel de 1554 constate formellement en tête du livre que le rituel, par lui prescrit, est réglé « *suivant la coutume de l'Eglise de Clermont et de celle de Saint-Flour* (3). » Il en découle deux observations essentielles à notre sujet. Le

---

(1) « *Feria sexta in parasceve* (vendredi-saint) *non pulsantur signa, sed circa horam diei sextam* CORNIBUS *incitati ad ecclesiam convenimus...* (Même missel de 1554, fol. LXXII, v⁰. — *Sabbato sancto circa sextam,* CORNIBUS *excitamur, ut ad ecclesiam conveniamus* (Ib., fol. LXXIII, v⁰).

(2) « *Als menestrers que corneron... tromparon...* davant lo cors de Deu, *davant Moss S. Flor* », telles sont les expressions ordinairement usitées dans les registres consulaires de Saint-Flour de 1376 à 1408. (*Arch. munic. S. Flour*).

(3) Voici son titre : *Ordo missalis secundum consuetudinem Ecclesie Claromon. ac S.-Flori, ann. Domini 1554... Claromon. per Johannem Durand, typographum impressum.*

missel n'a pas créé la coutume, elle préexiste, il se borne à la mettre en écrit. En second lieu cette coutume est celle du diocèse de Clermont aussi bien que du diocèse de Saint-Flour; on sait que le mot « Eglise » en cette matière, s'entend d'église diocésaine, du diocèse entier.

Donc, le port emblématique de la corne d'ivoire dans certaines cérémonies du culte, n'a rien de spécial à saint Florus, ni à son église particulière, ni même au diocèse de son nom; il ne se rapporte pas au saint, il se rapporte à Dieu. Il est si étranger à saint Florus que le cor ne figure pas dans les cérémonies de sa fête. On ne le retrouve dans les honneurs processionnels que le jour de l'Ascension.

Les *Notes* de l'abbé Micolon de Blanval *sur les anciens usages de l'Eglise de Clermont*, confirment entièrement les usages du diocèse de Saint-Flour, démembré, du reste, du précédent en 1317, avec les mêmes prérogatives, coutumes et privilèges : — « Pendant les jours de la Semaine Sainte, dit-il, pendant lesquels on ne sonne pas les cloches, le clergé était appelé, jadis, à l'office, par le son d'un instrument fait de la dent d'un éléphant qui avait la figure d'une corne, travaillée en ciselure avec le plus grand art. *Cet instrument n'avait rien d'ailleurs qui pût inspirer le respect religieux avec lequel on le portait processionnellement par la ville, le jour de l'Ascension,* sur un plat couvert d'un voile précieux. C'était un chanoine qui devait le porter, de façon à le rendre visible à tout le peuple qui se prosternait pour lui rendre hommage. Ce chanoine devait être aussi distingué par sa figure que par sa naissance; quiconque n'avait pas le mérite de la noblesse et les charmes de la beauté, les agréments de la jeunesse, était exclu de ce ministère, qui n'a cessé qu'en 1732, lorsque Massillon renouvela la liturgie de l'Eglise de Clermont. Ceux qui veulent rendre raison de cet usage, disent *qu'il avait été établi pour exprimer les chants de triomphe qui avaient accompagné l'Ascension du Sauveur, suivant le verset du psaume : Ascendit Deus* (1). »

(1) Obligeante communication de M. Vernières.

Le prêtre qui rapporte de cette façon que la corne d'ivoire ne comportait pas par elle-même le « respect religieux » dont la foule l'entourait, était chanoine de Clermont et du Port, grand-vicaire du diocèse, abbé et prieur de plusieurs monastères, bibliothécaire de la ville et, de plus, secrétaire perpétuel de l'Académie de Clermont. Cet ecclésiastique, instruit et pieux, est l'auteur d'un certain nombre de mémoires (1).

Il a suffi que, pendant plusieurs années, des membres d'une même famille, où la beauté était héréditaire et la noblesse insigne, fussent chargés de porter aux processions certaines châsses ou des emblèmes particuliers à des saints de leur pays, pour que l'usage s'en perpétuât parmi eux, y devînt un privilège, et que la crédulité populaire, doublée au bout de quelques générations de leurs propres illusions, fît d'eux bientôt les descendants de saints des premiers siècles : d'un saint Amable, d'un saint Allyre par exemple, ainsi qu'il est arrivé pour les La Rochebriant, les Langeac, les seigneurs de Mezel et Dallet (2). De là, d'autres légendes fabuleuses.

La solennité avec laquelle était portée la corne d'ivoire en

---

(1) Joseph Micolon de Blanval, né à Ambert.

(2) Dans son testament du 11 juillet 1441, Allyre de Mezel, seigneur de Dallet, damoiseau, fonde deux vicairies à la chapelle de Saint-Allyre, à Clermont, en l'honneur de *beatissimi Illidii confessoris quondam episcopi Claromontensis... suam nativitatem habentis de predecessoribus et parentibus dominorum domus et loci predicti Daleti*, etc. (Arch. dép. du Puy-de-Dôme, Saint-Allyre. Layette FF, cote 3424.)

Il est constaté, à la suite du même acte, qu'il était d'usage qu'un membre de cette famille portât, à la procession, la cappe ou le chapeau de saint Allyre. De là naquit la tradition. Allyre de Mezel mit pour condition à sa libéralité, que ce serait désormais un privilège héréditaire et de droit, pour lui et les seigneurs de Dallet ses successeurs, ainsi que l'entretien du seigneur et de deux serviteurs avec trois chevaux le jour de la procession. *Nobilis Illidius... supplicaveritque nobis* (les moines de Saint-Allyre) *preeminentiam sibi et suis futuris heredibus et successoribus dominis Daleti perpetuo sibi per nos concedi, deferendi, UT SOLITUM EST processionaliter* CAPPAT *dicti sancti Illidii*, etc... ce qui fut reconnu la même année 1441 (Ibid.). Allyre de Mezel avait épousé Alix de Murat. Il est vrai qu'il était question du lieu de Dallet dans la légende de saint Allyre, lequel vivait plus de mille ans avant.

tête des processions de l'Ascension, bien en évidence, immédiatement après les bannières, par ce qu'il y avait à la fois de plus jeune, de plus beau et de plus illustre parmi les familles seigneuriales de chaque pays, explique très bien la dégénérescence de l'hommage rendu à cet emblème, en un véritable culte par le peuple; je dis bien par le peuple, car on voit que les prêtres instruits, comme l'abbé de Blanval, ne s'y trompaient pas; et les évêques de haute science, comme Massillon, moins encore.

Partout le peuple attribuait des vertus miraculeuses à ces cornes d'ivoire dans lesquelles il voyait de vraies reliques.

Voici ce qu'écrivait, au commencement du xviii° siècle, un brave prêtre du Rouergue, au sujet de la corne d'ivoire de Rodez: — « Le miracle le plus continuel et que ce grand saint (saint Amans) fait presque tous les jours, cest de guérir les sourts; sil a fait parler les muets, il donne louie aux sourts. On conserve dans son église *le cor dont on dit* que saint Amans se servait pour appeler les fidèles à l'église, de son temps. L'usage des cloches nestant pas introduit encor, et *on se servait de ces manières de trompettes ou de cors* comme on fait encor le jeudy et le vendredy sainct où on ne sonne pas les cloches. Or il est constant, et plusieurs personnes dignes de foy assurent quels ont esté guéris de leur surdité, lorsquaprès avoir fait leur prière au tombeau de ce grand sainct, ils se sont fait apliquer dans loreille lembouchure de ce cor. On y voit encore très souvent de personnes qui y viennent pour y trouver quelque soulagement (1). »

L'ardeur de la foi suffit à opérer des miracles, indépendamment des objets auxquels elle s'adresse comme à des intermédiaires palpables entre les sens de l'homme et l'invisible puissance; les positivistes modernes eux-mêmes en sont venus à le reconnaître, en expliquant, bien entendu, le phénomène par les commotions musculaires et les bouleverse-

_____

(1) Communication de Son Eminence le cardinal Bourret, évêque de Rodez.

ments nerveux. La question des miracles ne se rattache donc pas nécessairement, dogmatiquement, à l'existence d'une relation quelconque entre la corne d'ivoire et les saints Flour ou Amans.

L'obligeant archiviste de qui je tiens l'extrait du manuscrit de Rodez précité, par l'organe du cardinal qui ne le contredit pas sur ce point, partage mon sentiment, tout prêtre qu'il est, sur l'origine du culte populaire des cors d'ivoire (1) : — « Il y a tout lieu de croire que ces instruments remontent seulement aux premiers temps de la féodalité ou même aux croisades. Ces cors ont pu n'être que les cors dont on se servait pour « corner » devant la « majesté » ou les reliques des saints ; et après avoir été pendant longtemps le cor réservé à cet usage, qui dut lui faire donner le nom de « cor de Monsieur saint Amans... cor de Monsieur saint Flour », ils sont devenus par confusion des termes « le cor de saint Amans... le cor de saint Flour (2) ». La distinction faite plus haut, me paraît devoir être toutefois maintenue entre les cors dont on cornait véritablement et ceux qui n'étant plus destinés qu'à servir d'emblème liturgique, n'avaient pas été ou n'avaient été que d'une manière très fruste, appropriés à l'intérieur pour l'émission des sons. Ceux-là sont nombreux dans les églises et les musées ; l'olifant de Saint-Flour paraît devoir, sauf examen plus minutieux, rentrer dans cette catégorie.

Un souvenir parlant de cet ancien usage, vit encore aujourd'hui dans la procession qui se fait tous les ans dans le bourg d'Estaing (Aveyron), en l'honneur de saint Fleuret, avec toutes les allures du moyen-âge.

(1) Voir page 55 du manuscrit qui est aux archives de l'évêché. Les quarante-cinq premières pages manquent. Communication du même prélat. Le manuscrit est inédit.

(2) A Rodez aussi, les ménétriers jouaient ou cornaient aux processions (Reg. consul. de 1410. Invent. de 1878. Arch. de Rodez). Le « trompette » de M. de Beaucaire jouait à cette procession. L'usage était, du reste, énéral.

Quatre hommes vètus en archanges, pieds nus, les ailes déployées, leur tunique relevée aux genoux, portent l'un le glaive et la balance de saint Michel, l'autre « *une trompette* » et les deux derniers des instruments de musique. Ils exécutent tour à tour des évolutions devant la majesté du saint, portée sous un dais ; d'abord l'archange saint Michel et l'archange de la trompette, puis les musiciens » (1). Je ne doute pas qu'on en signale beaucoup d'autres traces ailleurs.

Ainsi, en des lieux si différents, la même cause a produit les mèmes effets dans l'esprit populaire. D'objet servant au culte, l'olifant est devenu tout naturellement objet sacré ; d'objet sacré, relique, relique spéciale d'un saint déterminé, le patron du lieu ou d'un personnage extraordinaire à la mémoire de qui la légende attachait le souvenir d'un cor. Le cor de Rolland à Roncevaux était aussi célèbre au moyen-âge que son épée Durandal. A Rodez on pensait que la vertu particulière du cor était de guérir les sourds, en souvenir d'un miracle opéré par le patron lorsqu'il renversa l'idole de Ruth ; à Saint-Flour, on attribuait une vertu semblable à l'objet identique. Le lien commun résidait dans la nature même de l'instrument, destiné à parler à l'ouïe.

La conclusion s'impose. Les Sanflorains doivent renoncer à voir dans leur olifant un objet particulier à leur pays et se rattachant à leur saint. Ce n'est pas une relique à proprement parler, mais un objet de liturgie, un instrument symbolique longtemps employé dans les cérémonies du culte, ayant à ce point de vue son prix et sa place marquée dans le trésor d'une cathédrale.

Les miracles ont cessé depuis que Massillon donna l'exemple à Clermont, en excluant la corne d'ivoire de la place trop pompeuse que les cérémonies trop imagées du culte lui avaient donnée jusque-là dans les processions au risque d'encou-

(1) Note qui m'a été envoyée, le 18 mars 1896, par S. E. le cardinal Bourret, évêque de Rodez et de Vabres.

rager une erreur. Il ne voulut pas laisser dériver vers les
objets matériels n'ayant rien de céleste ou de saint, les
adorations dont tous les élans n'étaient pas de trop pour
les véritables reliques sacrées, au lendemain du jour où le
protestantisme avait failli conquérir la France. Dans tous les
cas, nous ne connaissons pas, pour notre compte, de miracles constatés, attribués par l'opinion à l'intervention de
la corne dite mal à propos de « saint Flour », depuis qu'elle
n'est plus offerte aux illusions des âmes pieuses par une mise
en scène propre à les faire naître. Le cor d'ivoire n'est qu'un
souvenir fort intéressant des anciennes cérémonies de l'Eglise.
Rien de plus.

§ II. — La prétendue légende des trois A

D'après cette prétendue légende, la ville de Saint-Flour
aurait eu pour armes trois A gothiques afin de rappeler le
mot ArAbiA, en mémoire de l'origine de son patron Florus.
Et voici la filiation par laquelle elle a passé : les hagiographes
du XIVᵉ siècle faisaient Florus « originaire des pays d'outre-
mer », donc il pouvait être arabe ; sa statue était noire
(comme toutes les très vieilles statues de bois), donc il était
nègre ; s'il était nègre et arabe, c'est peut-être qu'il était
de la famille des rois Mages : *Reges Arabum et Saba dona
adducent* (Psaume 71). Mais comme il avait été disciple
de Notre-Seigneur, il était trop jeune pour être venu l'adorer
à sa naissance ; alors c'est qu'il était le fils d'un des Mages
qui devait l'avoir envoyé à la suite de Jésus. Voilà donc Florus
fils d'un roi arabe (1). Encore un peu plus et l'on en aurait
fait le fils de Gaspard, l'un des trois visiteurs du berceau de
Bethléem, sous prétexte qu'il y avait près de Saint-Flour (commune de La Chapelle-Alagnon), un village appelé Gaspard.

Cette soi-disant tradition n'a pour elle ni l'exactitude ni
l'antiquité.

(1) *Vie parœnétique des trois Saints d'Auvergne.*

Jamais la Ville n'eut pour armes les trois A (1). Ces armes furent toujours des fleurs de lys en semé sur un champ mi-parti (2); lequel champ mi-parti avait pour but de les distin-guer de celles de Jean de France, duc d'Auvergne et de Berry, lieutenant du roi dans la province de 1347 à 1416 sauf les intermittences de ses destitutions, et de celles du bailliage des Montagnes qui étaient aussi un semé de fleurs de lys.

Ces armes furent données à la Ville par Charles VI, pour la récompenser des secours en hommes, en vivres et en artillerie envoyés par elle à Du Guesclin et au duc Jean, au siège de Chaliers en juin 1380 (3); et au mois de juin 1382, pour la première fois, « *las armas de Cossolat* » furent peintes, par ordre des consuls, sur les pennons des arbalétriers qu'ils en-voyèrent au maréchal de Sancerre pour le siège du Saillant (4). Elles le furent aussi sur l'étendard de la ville, qui jusque-là était écartelé blanc et vert sans emblèmes. Au printemps de 1394, les consuls les firent peindre, à côté de celles du roi, sur la façade de l'hôtel municipal, « nouvelleté » qui occasionna un grand procès entre l'évêque et la ville (5). Elles étaient si semblables à celles du roi, vues à quelque distance, que, lorsque après avoir pris le château d'Alleuse,

(1) Nous ne connaissons aucun exemple de l'emploi des monogrammes, spécialement des lettres gothiques pour armes, dans la région, avant le XVᵉ siècle.

(2) Mi-parti d'azur au semé de fleurs de lys d'or (ou France ancien) et d'or au semé de fleurs de lys d'azur, 1 et 2, à la bordure de gueules; ce que l'Armorial définit : « Mi-parti d'azur et d'or engrêlé de gueules, aux fleurs de lys sans nombre, l'un sur l'autre. »

(3) C'est par erreur que le sceau actuel de la Ville porte l'année 1372 gravée aux flancs de l'écu. Charles V donna bien des lettres de confirma-tion des privilèges de la ville, le 1ᵉʳ janvier 1372 (1373 nouveau style). *Arch. nat. JJ. 104*, nᵒ *VI*, fol. 7 verso; et *Arch. S.-Flour*, chap. II, art. 2, nᵒ 35. Orig. d'expéd.) Il y est bien question du sceau, mais nullement d'armes municipales. Enfin la couronne murale qui y figure est, comme la date, un ornement moderne, qui n'existait pas au XIVᵉ siècle. Ce sceau a été fait il n'y a pas longtemps sous la mairie de M. Creuzet.

(4) *Registre consul. de 1382*, page 170 de notre publication, t. I.

(5) *Reg. consul. de 1394*. Mai. — Mandement de Charles VI, du 30 juillet 1394. (*Arch. S.-Flour*, chap. II, art. 2, nᵒ 53. Parch.)

propriété de l'évêque de Clermont, Pierre Mercier, bourgeois de Saint-Flour et lieutenant du bailli des Montagnes,
fit arborer l'étendard royal au sommet des tours, l'évêque
prétendit que c'était le drapeau sanflorain (1). Et elles restèrent si bien les mêmes jusqu'aux temps modernes, la ville
était si naïvement fière de cette quasi-identité, que le 1er janvier 1667 le premier consul s'exprimait ainsi dans sa harangue de sortie de charge : « Quel sujet de gloire pour la
ville de Saint-Flour d'avoir dans ses armes les fleurs de lys
qui sont la plus auguste marque de la couronne de nos roys,
et de pouvoir donner cette vanité d'estre l'unique de ce
royaulme à les porter, sous quelque différence, *en la même
manière que faisoient autrefois nos rois* avant que Charles V
les réduisit à trois! etc... (2) » C'est clair. Telles elle les porte
encore (3).

La ville n'avait pas plus d'A dans son sceau que dans ses
armes, ainsi qu'on s'en peut convaincre par l'examen des assez
nombreux échantillons ou fragments de ce sceau, existant encore dans ses archives et dans la collection de la Bibliothèque
nationale, notamment sur des actes de 1286 (4), 1288 (5),
1308 (6), 1377 (7), 1378 (8), 1412 (9), 1446 (10), 1453 (11),
1454 (12), 1465 (13), 1524 (14). Il représente trois consuls

(1) *Arch. S.-Flour*, chap. IV, art. 6.
(2) Manuscrit. Minute de cette harangue dans les papiers de feu
M. Aimé Bertrand, avocat à Saint-Flour, fils de mon ancien collègue,
M. le président Bertrand, mort sénateur du Cantal; propriété aujourd'hui
de Mlle Julie Bertrand qui a eu la complaisance de me la communiquer.
(3) Sauf les adjonctions précitées.
(4) *Arch. S.-Flour*, chap. IV, art. 2, n° 4.
(5) *Ib.*, chap. II, art. 2, n° 5.
(6) Bibl. nat., coll. des Sceaux. Copie à la bibliothèque de Clermont.
(7) *Arch. S.-Flour*, chap. I, art. 1, n° 6.
(8) *Ib.*, ch. II, art. 2, n° 44.
(9) *Ib.*, ch. II, art. 2, n° 59.
(10) *Ib.*, ch. II, art. 2, n° 73.
(11) *Ib.*, n° 74.
(12) *Ib.*, n° 75.
(13) *Ib.*, n° 78.
(14) *Ib.*, Titres non classés ni inventoriés, enfermés dans une malle.

assis sur le coffre des archives de la ville et délibérant, flanqués d'une fleur de lys et d'une étoile. Dans la partie supérieure s'étale encore une fleur de lys entre le soleil à droite et la lune à gauche; les deux parties séparées par une bande où se lisent les mots : CONCILIVM SCTI FLORI reproduits encore en exergue. Le contre-sceau est rempli d'une grande fleur de lys de forme archaïque du xiii° siècle entre deux autres étoiles; le tout signifiant que les trois consuls ont le droit de s'assembler et de délibérer de jour et de nuit sous la protection supérieure du roi et sans avoir besoin de l'autorisation de son seigneur. A partir de la fin du xvi° siècle ou du commencement du suivant, la ville remplaça ce sceau par un autre où furent gravées ses armes au semé de fleurs de lys.

C'est en 1625 seulement, dans le livre du carme Géraud Vigier, d'Aurillac (1), que j'ai rencontré pour la première fois l'indication datée de l'usage des trois A et de leur prétendue signification; c'est-à-dire à une époque où la critique était à sa naissance, et où l'on connaissait beaucoup mieux Rome et la Grèce que le moyen-âge (2). Encore faut-il lire en quels termes le père Dominique de Jésus, mal renseigné par son correspondant de Saint-Flour, et assez souvent crédule, traite cette fantaisie étymologique : — « Le blason des armes du royaume, des provinces, villes et familles est chose récente, confesse-t-il. Aussi a esté souventes fois pris de l'opinion du *vulgaire* qui mesle souvent avec la vérité *quelque chose de la fable*. Les armes de la ville de Saint-Flour, estans les marques, *à ce qu'on dit*, de ses commencements, sont trois a a a d'or en un champ de gueules, pour montrer, *disent-ils*, que la ville de Saint-Flour a esté commencée par ce grand évesque; et en mémoire de ce qu'il estoit d'Arabie, ils y ont mis trois fois cette première lettre

---

1 et 2) La *Vie parœnétique des trois saincts protecteurs de l'Auvergne;* Géraud Vigier, en religion Dominique de Jésus, prieur des Carmes de Clermont, mourut à Paris le 30 janvier 1635.

de l'alphabet latin qui se trouvent en ce mot Arabia, pays de saint Flour ; et la chose est passée jusqu'à ce que le *vulgaire croit* que saint Flour estoit fils d'un des trois mages qui vindrent adorer le fils de Dieu à sa naissance, et veulent dire qu'il fust envoyé par son père à la suite du fils de Dieu ; et voit-on ce saint peint avec un visage noir en toutes les plus antiques images et portraits d'iceluy. Mais, en cela comme en beaucoup d'autres choses, qui ne voit que *le peuple est sujet à caution?*... Il est vray que la commune opinion tient que les trois mages estoient des princes Arabes (*hic* citation de textes sur les Mages). Mais la suite, si elle n'est donnée par quelques auteurs ou par quelque preuve certaine est *trop paradoxe pour estre creue.* »

Il est à observer que Géraud Vigier ne parle que d'un « on dit du vulgaire » ; et vraiment le vulgaire était bien excusable. A la même époque (1633), Jacques d'Auzolles, gentilhomme érudit de Haute-Auvergne, faisait imprimer dans un de ses livres (1) que, suivant la *tradition* de sa famille, les d'Auzolles descendaient en ligne droite des Auzollaï, peuplade du Péloponèse; c'est pour cela, et avec raison, ajoutait-il, que « ceux de ma famille ont pour supports et cimier trois Apollo habillés en bergers. » Il le croyait en toute sincérité. Les trois Apollo des d'Auzolles sont un peu de la même tribu que les trois A de Saint-Flour. Et comment pourrait-on suspecter la parfaite bonne foi de ce brave gentilhomme, alors que les Dauphins d'Auvergne avaient fait plaider avant lui, en plein Parlement de Paris, s'il vous plaît, qu'ils remontaient « au temps de Jules César et régnaient sur le pays longtemps avant la venue du Christ » ; et cela est tout au long dans l'arrêt de 1473 (2). Est-ce que cela peut s'appeler

(1) *Le berger chronologique.* Paris, Alliot 1633, in-8° p. 288. Jacques d'Auzolles, né au château de la Peyre le 14 mai 1571, mort à Paris le 29 mai 1662, fut l'auteur de nombreux ouvrages. (V. *Généalogie d'Auzolles*, par M. d'Auzolles, commissaire de surveillance administrative, originaire de la commune de Moissac. Boubonnelle, Saint-Flour.)

(2) Baluze, *Hist. générale de la Mais. d'Auv.* I. Préface, page 3 et II. 383.

des traditions? Il en naquit de pareilles dans toute la France, aux xvi° et xvii° siècles plus que dans tous autres.

Si le correspondant du prieur des Carmes de Clermont était mal renseigné au point de lui présenter les trois A comme étant les « armes de la Ville, » ce qui était inexact, comment être sûr qu'il a eu plus de lumières en qualifiant d'armoiries ce monogramme, et qu'il n'a pas pris un ornement, un simple emblème, pour des armoiries véritables? Impossible de faire fonds sur lui; dire qu'il s'est trompé sur l'attribution et non sur la qualification ; supposer chez Géraud Vigier, sous prétexte qu'il était né à Aurillac, ville avec laquelle Saint-Flour avait moins de rapports qu'avec Clermont, la connaissance personnelle de l'emblème sur place, et en même temps une erreur lui faisant attribuer ces armoiries à la commune, au lieu du chapitre de Saint-Flour, alors que lui, moine et historien du saint, devait être plutôt porté à une erreur inverse, ce serait nager dans l'arbitraire tout pur.

Cependant, il arriva du livre du père Dominique de Jésus le contraire de ce qu'il aurait dû produire. Ce qu'il avait dit, d'après un correspondant peu instruit, a été reproduit de confiance non seulement par des écrivains d'Auvergne du xvii° siècle, mais même dans la *Vie des Saints* de Barthélemy, toujours, il est vrai, sous forme de dit-on, et en se couvrant de lui (1), et de notre temps par le *Dictionnaire historique du Cantal* (III. Notice *Saint-Flour*). La notoriété d'un homme se mesure au nombre de fois que son nom est prononcé; il en est de même des on-dit. La parole entendue ou lue est une chose positive, du domaine des sens, elle se cramponne dans l'esprit, et le fils s'y attache d'autant plus qu'il la tient de son père. Plus d'un bon prêtre a dû commencer ainsi son sermon sur saint Flour : « La tradition rapporte que... ». Comment une tradition imprimée par des gens si graves n'aurait-elle

_____

(1) *Vie des saints de France*, I, 874. — *Si fides habeatur Dominico a Jesu*, prend-il soin d'ajouter.

pas une base traditionnelle véritable! Voilà ce que l'on se répète en oubliant qu'il y a de prétendues traditions, créées de toutes pièces à des époques déplorablement modernes. On n'a pas le temps de les contrôler; on les répète, c'est plus commode, et on aide ainsi, sans s'en rendre compte, à la propagation de l'erreur.

Pourtant, le savant bénédictin Jacq. Branche, prieur-mage de Pébrac, n'a pas même daigné en faire mention dans sa *Vie des saincts et sainctes d'Auvergne*, imprimée au Puy en 1652; Jacq. Branche, né dans le diocèse de Saint-Flour, alors âgé de 62 ans et dans la plénitude de l'expérience, avait exercé des dignités ecclésiastiques dans ce diocèse et l'avait parcouru pendant près de quarante ans; il s'était rendu à Saint-Flour pour étudier son sujet sur place, consulter tout spécialement les traditions (1). Il a connu celles relatées par Bernard Gui, Géraud Vigier, Cambefort, celles de la partie instruite de la population; il a dédié enfin son œuvre à l'évêque de Saint-Flour. Il ne devait éprouver aucune répugnance à introduire l'Arabie dans la vie de Florus, puisqu'il l'admet pour lieu d'origine. Il a certainement connu les armes de la ville et celles du chapitre; et si celle-ci ou celui-là avaient eu réellement pour armes alors un si singulier emblème que trois A gothiques, si vraiment il s'était attaché à ce monogramme une tradition ayant rapport à Florus, lui qui avait le livre de Géraud Vigier sous les yeux, puisqu'il le cite, il n'eût pas manqué d'en parler.

Son silence voulu signifie qu'il ne reconnaît même pas la qualité d'une tradition vraie ou fausse, à un on-dit de bonnes dévotes traînant dans les couches inférieures; ce n'est pas de la discussion du fond qu'il lui paraît indigne, mais de la simple constatation de son existence. Il suppose même, ce silence, que les trois A ne figuraient pas encore sur la façade

(1) *Vie des saincts et sainctes d'Auvergne et de Vellay*, 1, 305-315. Dom Branche, dont le premier livre est de 1622, est mort le 29 septembre 1662.

de la cathédrale ; s'il les y eût vus s'étaler glorieusement, là
et partout, comme il advint depuis, il eût bien été amené
à en dire un mot pour approuver ou pour réfuter; s'il n'en
dit rien, c'est apparemment que l'emblème en était absent et
qu'il n'était pas encore en usage comme armes du chapitre.
Le sceau chapitral lui suffisait, il représentait un évêque ou
un saint et le contre-sceau une fleur de lys (1). Seulement ces
choses étranges, et parce qu'elles sont étranges, ne se déraci-
nent pas aisément de l'esprit du peuple. L'erreur se développa
même avec l'ardeur naïve de l'imagination populaire; et la
soi-disant légende arriva ainsi à l'état de dit-on à la fin du
siècle, jusqu'à l'époque où le trésor royal à sec s'avisa de
tirer quelque argent des armoiries.

Tous les principaux notables, magistrats, avocats, notaires,
toutes les villes, toutes les corporations d'église ou séculières,
y compris celles qui n'avaient pas d'armoiries, et presqu'aucune n'en avait, furent *obligés,* par l'édit du mois de novembre 1696 (2), d'en choisir, s'ils n'en avaient pas, de les faire
enregistrer et de payer une taxe de 20, 25, 50, 100 francs,
suivant les catégories. Ceux qui s'y refusèrent y furent con-
traints par saisie de leurs biens, et les commissaires leur en
donnèrent d'office (3).

(1) *Arch. de l'évêché et de la ville,* xive siècle.
(2) V. aussi édits des 4 déc. 1696 et 29 janvier 1697 pour l'exécution du
premier, et l'arrêt du Conseil du 3 décembre 1697.
(3) Pour n'en citer qu'un exemple bien connu de l'auteur, Anne Boudet
n'ayant pas voulu subir la taxe, par la raison que le chef de sa famille,
Blaise Boudet, notaire et châtelain de Maringues, avait fait régistrer les
siennes « d'or à 2 plumes de sable » en 1698, reçut *d'office* une tête d'âne
qui figure à l'*Armorial général de France* de d'Hozier (Bibl. nat.), à
côté de celles de Blaise. Le prétexte fut qu'elle était veuve et collatérale.
Ces armes parlantes et bourgeoises, qui ont servi à tant de prétentions
nobiliaires sans fondements, à cause du timbre d'une couronne de comte
que l'usage autorisa plus tard à titre d'ornement, furent peu recherchées
par beaucoup de personnes ou de corporations gênées. Il ne fallut pas
moins que les édits de 1696 et 1698 pour que le chapitre de Saint-Flour
songeât à les prendre, et il les prit sans enthousiasme, puisqu'il ne les
soumit pas à la confirmation. Ce n'est pas là la conduite d'un chapitre
convaincu de la tradition, dont on ne trouve les premières traces qu'en ce
même xviie siècle.

Le chapitre cathédral s'exécuta. S'emparant de la prétendue tradition et lui donnant corps par cet acte, il en choisit l'emblème et fit enregistrer un écu « d'azur à trois A gothiques d'or (1) ». Bouillet les range parmi celles qu'il suppose n'avoir pas été confirmées (2). C'est au mois d'avril 1698, que fut dressé le « Rolle des personnes de l'Election de Saint-Flour *qui doivent prendre des armoiries,* en exécution de l'édit du roy du mois de novembre 1696. » Ce rôle, arrêté par l'intendant d'Ormesson, est aux archives de la ville (3). Il fut transmis au sieur Bardol, adjudicataire de la ferme de la taxe, qui *somma* les parties de fournir leurs armoiries et de lui payer les deniers d'enregistrement dans la huitaine, à peine de poursuites. Le chapitre cathédral y figure en tête après l'évêché et l'évêque (4). Avant cette époque, on ne connaît d'armoiries proprement dites à aucune des trente-deux corporations ou des corps moraux de Saint-Flour, à la seule exception de la municipalité. La Commune faisait exception par la raison que des armoiries lui avaient été données par Charles VI. Avant 1382, son étendard ne se signalait que par ses couleurs :

(1) *Dict. héraldique de l'Auvergne,* p. 351, 356, 27 et 42. Et non pas « de gueules à trois A gothiques » comme le dit le père Dominique et, d'après lui, le *Dict. du Cantal* (III. 275). Ce dernier recueil ajoute une couronne ducale. C'est, si je ne me trompe, une adjonction moderne.

(2) *Ibid.*

(3) Chap. II, art. 2, n° 94. Orig. papier.

(4) Les membres du chapitre cathédral, savoir : vingt-trois chanoines et dignitaires et trois hebdomadiers y figurent nommément, taxés chacun à 20 francs ; le chapitre collégial de Notre-Dame et vingt chanoines ; la communauté des prêtres anciennement dite Prêtres de la Table : le curé ; deux maisons d'éducation ; deux couvents de femmes ; quatre commanderies ; quatorze nobles de Saint-Flour, leurs femmes comprises ; le bailliage et ses quinze magistrats, ou leurs veuves ; l'Election et ses onze membres ; le Corps de ville et son procureur du roi ; le Corps des avocats et huit avocats ; vingt-deux bourgeois ; le Corps des notaires et quatre notaires ; le Corps des marchands et vingt-deux marchands ; le Corps des médecins et quatorze corporations ouvrières ; en tout cent cinquante-cinq personnes dont une, le Corps de ville, taxée à 100 fr. ; 2 à 50 francs, l'évêché et le chapitre cathédral ; 30 à 25 francs ; le surplus à 20 francs. Cette somme s'augmentait des 2 sous pour livre, soit 10 °/₀ et du droit fixe de blason, 1 fr. 10 sous.

blanc et vert écartelés. — On ne peut donc en aucune façon
conclure à des armoiries remontant au delà de 1698 de ce
que, à cette époque, elles ont été registrées. Ce n'est pas
même une présomption. Partout, à Saint-Flour spécialement,
on en registre beaucoup plus de nouvelles que d'anciennes.
Les écussons fiscaux de 1698 à 1703 disent leur date et rien
de plus.

Le choix des trois A par le chapitre de Saint-Flour, était
bien fait pour accréditer la fausse légende qui avait déjà
cours dans le public; il en voilait la récence relative, en
laissant supposer que l'église du lieu y croyait. Fut-elle
encouragée par l'influence alors prépondérante du chanoine
Beaufils (de Coren), qui menait tout au chapitre et même
au delà, l'évêque étant d'ordinaire absent. « Il était le faiseur
de Directoire du diocèse », dit pittoresquement de lui Dom
Boyer qui fut son hôte, lorsque, voyageur en documents
pour les continuateurs de la *Gallia*, ce savant bénédictin
vint au mois de décembre 1711 passer une semaine à Saint-
Flour (1). C'était un homme courtois, fort aimable, que ce
chanoine Beaufils, un peu de surface, paraissant « très entendu
dans l'histoire de son église » quand on ne le voyait qu'en
passant. Quelque temps après, Dom Boyer lui écrivait des
lettres historiques sur « *les fables que l'on retrouve dans le
propre de Saint-Flour* », dont quatre furent publiées (2).
Dans ces excursions spéciales, son journal en est une preuve,
Dom Boyer relevait non seulement les documents mais aussi
les inscriptions se référant aux origines ou à l'histoire des
églises. Il n'a pas relevé les trois A gothiques, actuellement si

(1) *Journal des voyages de Dom Jacques Boyer (1710-1714)* édité par
MM. François Boyer et Antoine Vernière *(Mémoires de l'Académie des
sciences belles-lettres et arts de Clermont*, t. XXVI, 1884, p. 190.)
Dom Boyer arriva le 12 décembre 1711 à Saint-Flour et en repartit
le 20.
(2) *Mémoires de littérature et d'histoire de l'oratorien Desmollet*,
VI, 404; VIII, 165 et t. XI. Cités dans le journal de Dom Boyer par ses
éditeurs. Je me suis assuré qu'il n'y est pas question de la prétendue
légende des trois A; le Propre ne l'avait pas reproduite du reste.

visibles sur la façade de l'église de Saint-Flour; y étaient-ils déjà gravés? Il fut sciemment muet comme Dom Branche sur l'emblème et les explications dont le public l'entourait. La *Gallia* imita leur silence.

En revanche, les trois A gothiques furent prodigués dans les bâtiments dépendants du chapitre cathédral après qu'il les eût adoptés pour armoiries. Aucun des écussons qui les portent n'a une date prouvée antérieure à cette époque. Le seul daté est une pancarte manuscrite encadrée et suspendue aux murs de la sacristie de la chapelle épiscopale où figure, à côté des trois lettres gothiques, une liste des membres du chapitre; elle porte la date de 1721. — L'écusson de la façade de la cathédrale, tour de gauche vue de la place, est gravé sur un carré de pierre grise, encadrée et encastrée dans la lave noire du monument (1); impossible d'abord, par ce seul fait, d'affirmer qu'il soit contemporain de l'édifice terminé en 1466 (2). Il est, en outre, de tous les autres écussons armoriés ou emblèmes religieux de cette même façade, le seul que la révolution ait laissé intact; tous les autres ont été fracturés complètement ou gravement mutilés au marteau, y compris celui des frères Pierre et Antoine de Léotoing de Montgon, sous l'épiscopat de qui la basilique fut achevée, et qui fait précisément le pendant de l'écusson du chapitre sur la tour de gauche. Des trois A de ce dernier, des dessins lobés qui les entourent, de la ligne circulaire et saillante qui les encadre, les arêtes sont aussi vives et aussi nettes que si elles étaient faites depuis peu, à l'exception d'une légère et insignifiante éraflure en haut de la circonférence.

Une fois montés sur l'échelle, s'il y avait un emblème de

(1) La lave du pays, carrière de Bouzentés, et la lave de Volvic étant dures à tailler, tandis que la pierre de Murat, carrière d'Albepierre et une autre pierre grise du pays sont d'un grain plus doux, on employait à Saint-Flour et on emploie encore de préférence ces dernières pour les sculptures.

(2) Ainsi que le constate l'inscription de lettres gothiques gravée au milieu de la façade.

superstitions à détruire, pour les mutilateurs de 1793, c'était pourtant bien celui-là. Les armes d'un chapitre qu'on venait de tuer, le souvenir d'un saint, d'un culte qu'on était en train d'étouffer et des associés à la seigneurie de la ville, que le comité de sûreté générale aurait voulu raccourcir, sont objets de la haine du moment. On ne peut guère comprendre qu'il ait bénéficié d'une faveur dans le brisement général.

Donc ce serait que l'écusson aurait été vraisemblablement encastré là à la place d'un autre depuis la révolution, pour donner un pendant aux armes des Léotoing, dont la famille vivait encore ; et, pour que le tout fut symétrique, l'évêque à droite, à gauche le chapitre, on aurait fait ciseler l'écusson du chapitre ainsi que son encadrement quadrilobé sur le modèle de celui des Léotoing et dans cette même pierre grise qui roussit en si peu d'années quand elle est exposée en plein aux rudesses du vent d'ouest. Voilà la présomption.

Nous en dirons autant des écussons aux trois A ciselés dans la même espèce de pierre et encastrés, eux aussi, l'un au-dessus d'une porte des dépendances du chapitre, derrière la cathédrale, l'autre sur la façade de la chapelle de N.-D. de Vauclaire (commune de Molompise), qui date du xiii° siècle. Ils n'offrent aucune certitude de caractère ancien, c'est-à-dire remontant au delà du xvii° siècle. Le prieuré de Vauclaire fut cédé en 1477 seulement par son prieur commendataire, Guillaume de Balzac, au chapitre cathédral en vertu d'une autorisation du pape du 1ᵉʳ décembre précédent (1). La même année Germain de Foix, seigneur, du chef de sa femme Jeanne de Tinières, de la grande terre de Mardogne d'où relevait Vauclaire, confirmait et complétait cette union en se dessaisissant de la justice du lieu au profit du chapitre ; mais sa femme refusa son approbation ; d'où un procès terminé le 19 novembre 1503 au château de Mardogne par la révocation pure et sim-

---

(1) *Arch. Saint-Flour*. Malle. Orig. d'exp. sur parchem. **de cette** **bulle.**

ple de la cession de Germain de Foix (1). Il y eut aussi de longues discussions entre les chapitres Notre-Dame et cathédral, au sujet de cette annexion que chacun voulait pour soi (2). Elles ne prirent fin qu'au cours du xvi⁰ siècle.

Mais voici qui est encore mieux fait pour nous convier à la circonspection. L'écusson aux trois A est reproduit sur la clef de la voûte de la chapelle de saint Flour, au chevet de la cathédrale. Une clef de voûte, cela doit être ancien, cela! Eh bien cette clef de voûte est un trompe-l'œil; l'écusson est sculpté sur un petit billot de bois qu'on a logé dans un évidement de la pierre creusé au ciseau, et qu'on a recouvert ensuite d'une peinture pareille au surplus de la voûte; ainsi que vient de le constater le peintre Viessant en grattant les anciennes peintures de la cathédrale en 1895 pour la repeindre tout entière à neuf (3). Cet écusson-là est l'image exacte de la légende elle-même, du moderne coloré d'ancien: du placage.

Le vitrail de la même chapelle où le même monogramme emblématique est reproduit, est tout ce qu'il y a de plus récent, vu qu'il est postérieur à 1850. Mais il sera dit ancien dans un siècle par l'ordinaire abus de ce mot vague en lui-même. L'antériorité au xvii⁰ siècle de l'emblème des trois A

<hr>

(1) Bibl. munic. d'Aurillac, GG. IX. Parch. Acte que m'a signalé M. l'abbé Chabau. Je n'ai pu trouver de traces d'actes de possession du chapitre cathédral sur Vauclaire au xv⁰ siècle. Je crois cependant que l'annexion fut faite, au moins en principe, en 1486. (*Arch. S.-Flour.* Titres non inventoriés. Malle).

(2) Elles se terminèrent par une transaction, aux termes de laquelle Vauclaire resta au chapitre cathédral. Les archives vaticanes où Monseigneur de Saint-Flour vient de faire prendre des extraits des *Regesta* pour la *Series épiscop. S. Flori* renferment diverses pièces intéressantes sur l'annexion et le conflit.

(3) M. Viessant m'a attesté le fait par écrit : — « Je puis certifier, moi, Elie Viessant, peintre, comme ayant fait les travaux de la cathédrale de Saint-Flour, que la clef de voûte de la chapelle de saint Flour est en bois. Saint-Flour, 15 avril 1896. (Signé) : Elie Viessant. » C'est lui-même qui a gratté et repeint les trois A sur la grosse cheville de bois encastrée dans la pierre. — La peinture de cette chapelle avait été faite ou refaite en 1875 par Joseph Peuch, sculpteur et peintre à Saint-Flour.

comme armes du chapitre cathédral ne trouve donc pas plus
de preuves dans les monuments lapidaires que dans les écrits
ou les vestiges picturaux.

Pour l'affirmer contemporain de la construction de la
façade de la cathédrale et le remonter ainsi au milieu du
xvᵉ siècle, on objecte cependant sa bonne facture qui exclu-
rait l'époque de la Restauration (1824-1830 environ) sous
laquelle on répara la façade et on acheva les tours, parce que,
dit-on, les règles du gothique étaient alors méconnues et mal
exécutées ; et l'on écarte les xviiiᵉ, xvii, xviᵉ siècles parce qu'on
aurait eu alors l'horreur du gothique, et que dans les monogrammes les caractères romains étaient seuls employés. Tels
le monogramme I H S adopté par les Jésuites au xviᵉ siècle, celui de la Visitation choisi par saint François de
Sales au commencement du xviiᵉ (les initiales de Jésus et
de Marie posées sur un cœur), le chiffre de Marie pris pour
emblème par l'ordre de Notre-Dame au même siècle et tant
d'autres corporations religieuses parmi celles que l'édit fiscal
de 1696 contraignit à prendre des armoiries. Ces objections
ont peu de force ; elles s'appuient sur la comparaison de
choses qui ne sont point comparables.

Lors du regain d'engouement de la Restauration pour le
gothique, il est parfaitement vrai qu'on le comprenait peu,
qu'on l'exécutait mal et que MM. de Caumont et de Monta-
lembert eurent raison de protester ; vrai également que les
tours de la cathédrale, l'une achevée, celle du Nord dite de
l'Évêché, l'autre, celle du Midi, réédifiée à partir de la voûte
du monument, ont été bâties sans style sous l'inspiration
d'esprits positifs ne pensant qu'à la solidité nécessaire pour
abriter les cloches sans beaucoup se préoccuper de concilier
la masse avec l'élégance du vaisseau ; bien que Mgr Frays-
sinoux, alors ministre des Cultes, eût prescrit en 1824 de
suivre le plan qui se rapprochait le plus de l'ancienne construction (1). Mais quel rapport peut avoir l'imperfection du

(1) Dans leurs réclamations au ministre contre le plan de l'architecte

plan que l'on suivit en réalité pour cet ensemble de travaux importants avec la confection ou plutôt la réfection d'un cartouche dans l'hypothèse où il aurait été trop gravement mutilé pendant la révolution, sur le modèle du cartouche moins dégradé qui lui faisait pendant ? Si le goût faisait défaut à cette époque pour la dresse d'un plan d'édifice gothique, il ne manqua certes pas dans aucune province de France d'ouvriers capables de *copier* un écusson du diamètre d'un grand plat d'après un écusson pareil placé exactement sous leurs yeux. Rien n'était plus facile que l'estampage des ornements du cartouche des Léotoing, et, pour les trois Λ, on en avait le dessin précis dans le tableau de 1721, on en avait le relief dans les autres écussons pareils non entièrement détruits, celui de Vauclaire ou tel autre. On en avait encore l'indication dans l'Armorial général. Rien à inventer ; il suffisait de savoir manier le ciseau. Les dimensions de la pierre et son grain étaient tout indiqués. On n'avait même pas le choix de la forme des lettres puisque c'était les armoiries du chapitre qu'il fallait reproduire, et que les A gothiques étaient l'essence de ces armoiries. On ne prétendra pas qu'il n'y avait pas de sculpteurs assez habiles pour un si simple travail, à une époque où précisément les émigrés rentrés, à commencer par les princes, faisaient sculpter de toutes parts leurs armes brisées par les révolutionnaires sur leurs châteaux et leurs hôtels, dans tous les coins de la France (1).

Alors même qu'il y aurait eu avant la révolution un écus-

qui voulait raser à fleur de voûte la tour du nord démolie moins bas que l'autre et construire un seul clocher au milieu de la façade, les chanoines du chapitre se préoccupent uniquement de leurs cinq cloches et point du style. (Leurs lettres des 28 janvier, 8 et 27 mai 1824, signalées par M. l'abbé Chabau).

(1) Le travail était si simple et d'une exécution si prompte qu'il ne fit pas l'objet d'une mention spéciale dans les comptes de sculpture lors de la réparation de la façade, qui n'existent ni à Saint-Flour ni aux archives départementales, mais qui doivent se trouver aux archives du ministère des Cultes. que de cette absence on ne pourrait rien induire non plus.Tous les détails peuvent avoir été comptés en bloc.

son portant les A gothiques à la place même de celui d'aujourd'hui, ce qui est fort possible, on n'en pourrait conclure qu'il datait de la construction de la cathédrale, et nier qu'il ait pu être sculpté au XVIIe siècle seulement. Tant qu'on n'aura pas trouvé d'autres preuves, on est réduit aux hypothèses.

Quant à la préférence que l'on veut bien dire absolue pour la forme romaine des caractères des monogrammes du XVIe au XVIIIe siècle, on a confondu le choix des monogrammes exclusivement pieux avec le choix de monogrammes ayant aussi un caractère héraldique fait par un chapitre cathédral sur la tête de qui reposait en principe la seigneurie du lieu. Dans le premier cas, la congrégation religieuse était portée tout naturellement à adopter les initiales usitées dans l'Église romaine et dans la civilisation de son temps ; lorsqu'elle choisissait un monogramme sacré comme le IHS des Jésuites, elle se trouvait liée, en quelque sorte, par la forme hiératique immémorialement consacrée. Mais lorsque dans les armoiries, qu'elles soient celles d'une corporation ou d'une famille, on veut faire naître l'idée d'antiquité, la règle est toute autre, et la forme choisie est la conséquence de l'idée à exprimer au moyen du langage conventionnel des armoiries, parfaitement compris du XVIe au XVIIIe siècle. Pourquoi tant de financiers annoblis depuis la renaissance jusqu'au règne de Louis XIV, et tant de bourgeois sous le régime obligatoire de l'édit de 1696, ont-ils été prendre des besans au lieu d'une monnaie de leur temps, lorsqu'ils voulurent exprimer l'idée de richesse ; de lions armés et lampassés et d'autres animaux de proportions fausses mais archaïques pour rendre l'idée de bravoure? Pourquoi tant de croissants, de sauvages, de têtes de nègres, de licornes, si ce n'est pour s'assimiler aux descendants des croisés? Et lorsqu'on choisissait des armes parlantes dont les emblèmes répondaient par leur nom au nom patronymique, d'où vient que l'on donnait aux objets la forme du moyen-âge au lieu de la forme moderne? Pourquoi, si ce n'est pour figurer l'ancienneté et en transmettre l'illusion aux générations futures, grâce à cette langue des armoiries qui ne fut jamais plus en honneur que du règne des derniers Valois à la fin de Louis XIV? Et qui nous dit que le choix du gothique pour les trois A du chapitre de Saint-Flour n'a pas été déterminé par les mêmes sentiments? Car il n'y a pas à dire, c'est bien la pseudo-tradition florienne que les trois A symbolisaient dans la pensée populaire des habitants au XVIIe siècle, s'il en faut croire le premier qui nous en parle; c'est bien l'idée de ce *peut-être* qu'ils ont éveillée depuis et jusque dans la nôtre. Elle impliquait une opinion d'ancienneté. Demander aux chanoines de Saint-Flour de ce temps la connaissance de l'écriture gallo-romaine ou mérovingienne, avant la publication de la *Diplomatique* de Mabillon, serait, sans doute, trop d'exigence. « Gothique » était chez les gens, même instruits, du XVIe siècle, mais sans connaissances spéciales de graphique, le synonyme de tout ce qu'il y avait de plus ancien. J'en ai vu, il y a peu de temps encore, une preuve, dans un inventaire descriptif de 1656, émané d'un notaire d'Auvergne, sous la surveillance d'un officier de justice (1); et qui n'a rencontré, même de nos jours, la même erreur sur les lèvres des gens du monde de la même catégorie? Le caractère arabe, que pouvait-on choisir de mieux encore, pour rappeler le souvenir d'un saint né en Arabie?

De ce que les chanoines de Saint-Flour ont mis dans leur écusson des initiales gothiques arabes, il est donc impossible de conclure que nécessairement cet écusson a été composé du temps où l'on se servait des lettres arabes ou gothiques dans l'écriture ou les inscriptions, et qu'il l'aurait été au plus tard en 1466.

Maintenant, que pouvait-il bien signifier ce singulier monogramme, dans l'intention de ses premiers inventeurs? A tant faire que de l'attacher à quelque vieux souvenir local

---

(1) Invent. du Trésor d'Olliergues fait au château de Joze après transport des chartes, pour la confection des terriers du duc de Bouillon. (Arch. Nat., R² 126-127.)

certain, l'explication la plus séduisante et la plus plausible
est qu'il rappelle le nom des fondateurs du monastère qui fut
en même temps chapitre cathédral, depuis 1317. J'avais été
conduit, depuis la première fois que je l'aperçus il y a quatorze ans, à cette supposition, par la règle presque sans exception de l'emploi des monogrammes que les lettres y re-
présentent l'initiale d'un nom propre, avec autant d'initiales
qu'il y a de noms; et par son application toute naturelle aux
trois fondateurs laïques de Saint-Flour dans les premières
années du xıᵉ siècle, Amblard, comtour de Nonette, Astorg
et Amblard de Brezons, puisque leurs noms commencent
précisément par trois A (1). De cela le monastère-chapitre
avait la preuve formelle dans ses archives. Il était donc tout
simple que lorsque la mode et plus tard l'obligation de prendre
des armes s'introduisit chez les congrégations jusque-là pour-
vues des seuls emblèmes de leur sceau, la nôtre eût songé à
choisir les initiales de ceux qui avaient construit le second
monastère *propriis sumptibus*, comme le dit l'un des actes.

Il serait bien inutile, s'il en était ainsi, de chercher des
relations avec le fameux monogramme de Charlemagne ou
avec l'*alpha* biblique, nous aurions une explication ration-
nelle et sautant aux yeux, qui nous ramènerait à une époque
relativement très moderne pour le choix de ces armoiries, car
on n'en connaît pas, si je ne me trompe, avant le xvıᵉ siècle
pour les communautés. Or le xvıᵉ siècle fut justement celui
où l'emploi des initiales dans les écussons et entrelacs devint à la mode, même chez les particuliers. Une revue a publié depuis peu sur documents l'histoire d'un anobli Limousin
du milieu de ce siècle qui, après son anoblissement, prit pour
emblème dans ses armes un grand « A gothique » parce que
son nom commençait par un A. Son castel ayant été détruit,
il fit même graver cet écusson sur le manteau de ses chemi-

---

(1) A cette époque le nom terrien n'était encore qu'un sobriquet attaché
à la possession du fief : *cognomento qui vocor, qui cognominatus est*,
telles sont les formules dont il est souvent précédé. Le vrai nom est alors
le prénom.

nées, lorsqu'il le reconstruisit. L'exemple est topique et par la date, et par la lettre, et par le lieu ; le Limousin, contigu à l'Auvergne sur un vaste développement de frontière, entretenait avec cette province des rapports quotidiens. Il démontre également que « l'horreur » que l'on prête à cette époque pour le gothique architectural n'a rien à faire avec le style héraldique. S'il fallait, du reste, dater d'après la chronologie du style lapidaire, le gothique fleuri des trois A serait lui-même la négation d'une véritable antiquité.

Je n'aurai garde, toutefois, de couvrir d'une affirmation absolue cette conjecture pour éminemment probable qu'elle soit, dans une étude qui voudrait rester positive. Certainement tout n'est pas que vanité, mensonge, fragilité dans tous ces objets divers qu'offre à r s regards l'univers. Mais enfin la défiance est le commencement de la sagesse historique, et il peut être aussi dangereux de confondre le possible, le vraisemblable et le prouvé, que de comparer entre elles des choses dissemblables par essence ; nul ne le sait mieux que mon honorable ami, M. le chanoine Chabau, à qui l'on doit, en outre de nombreux et bons travaux d'érudition hagiographique sur la Haute-Auvergne, la démonstration reconnue péremptoire que la statue et la chapelle de la Vierge, dites du Chœur, de l'église Saint-Géraud d'Aurillac, devaient tout simplement leur nom très moderne à l'emplacement occupé par elles dans le chœur, au moment où le clergé paroissial, entraîné par un pasteur plus pieux qu'il n'était éclairé, allait solennellement inaugurer un culte spécial et officiel à « Notre-Dame du *Cœur* », le cœur sacré de Marie, qu'il croyait avec une sincérité parfaite « de tradition ancienne », de même qu'il se croyait en présence de vestiges contemporains de Saint-Géraud. L'évêque de Saint-Flour interdit l'inauguration et M. l'abbé Chabau rendit ce jour-là un signalé service au clergé.

En résumé, la contemporanéité de la sculpture de l'écusson et de la façade de la cathédrale, terminée en 1466, est un fait simplement possible, nullement démontré ; on n'a rien encore découvert de certain au sujet de ces trois A pris pour armoiries avant le livre du P. Dominique publié en 1625 ; et l'erreur de cet hagiographe, attribuant ces armoiries à la ville, affaiblit singulièrement la possibilité de leur présence en 1625 sur la cathédrale, la place des armes municipales étant la façade de l'hôtel consulaire, comme la façade de la cathédrale était celle des armes de ses maîtres temporels, le chapitre et l'évêque. La première date officielle, signalée jusqu'à ce jour, de ces armes du chapitre, est 1698. De toute façon enfin, arrivât-on à prouver dans l'avenir les trois initiales comme armoiries capitulaires au xv⁰ siècle, cette date serait d'un moderne désolant au regard de la prétendue tradition qu'on a cousue fort inopportunément à leurs fleurons. Le xvⁱⁱ⁰ siècle, époque de réaction contre le calvinisme iconoclaste, vit chez les populations très catholiques, comme celles de Saint-Flour, une grande recrudescence dans les élans de la foi et les poussa souvent jusqu'à l'excès de la crédulité ; c'était la protestation des âmes éprises d'un tel besoin de croire qu'elles étaient portées à trop croire plutôt que de ne pas croire assez. De cette fable, l'amour-propre national se fit le complice inconscient.

Et si la légende est moderne, il n'y a pas légende au vrai sens du mot. C'est au contraire de la légende du discipulat de Florus, rajeunie par l'évêque de Lodève, qu'est partie, dans les couches ignorantes, une fusée d'imagination, dont les moines du xvⁱⁱ⁰ siècle, les plus dévots et les plus faciles à accréditer les légendes, n'ont fait eux-mêmes aucun cas.

§ III. — Les petites légendes.

1°. LA SOURCE DE SAINT FLOUR

La tradition populaire a voulu voir dans une petite source située près de la Chaumette (commune de Saint-Flour), celle que Florus fit miraculeusement sourdre pour désaltérer ses compagnons terrassés par la soif. La première trace que l'on rencontre de cette croyance est dans les hagiographes du même xviie siècle. Elle est certainement erronnée. Elle est due à ce que le carme Géraud Vigier, connaissant mal les lieux, dit en 1625 que Bleymard (*Bolisma*) est « *situé non loin de Saint-Flour* » et à l'erreur de Dom Branche qui le place, à tort, « *en Auvergne* » (1652). La source de la Chaumette n'est qu'un simple suintement qui tarit en temps sec ; ce n'est pas elle qui pourrait alimenter « une population nombreuse », ni même de nombreux moutons; les fauvettes y mourraient de soif pendant les chaleurs de l'été.

Le texte de Bernard Gui, auquel il faut toujours revenir, est encore incompatible pour une autre cause avec cette prétendue tradition. La hauteur d'où Florus aurait fait jaillir la source est juste en face de la ville de Saint-Flour dont une étroite gorge la sépare; il n'y a pas 1200 mètres de distance à vol d'oiseau, et la base de la côte de la Chaumette descend jusque dans le faubourg même. Arrivé sur ce point culminant, on voyait, on touchait Indiciac. Or, après le miracle de *Bolisma*, Florus fut obligé de se livrer à un voyage d'exploration sur un mulet, à travers « beaucoup de montagnes de la Planèze » *circumivit montes plurimos in arce Planitica donec inveniret locum;* il lui fallut ensuite un certain temps pour revenir chercher son monde, et à toute la troupe plusieurs jours et plusieurs nuits pour se rendre de *Bolisma* à Indiciac, ainsi que l'atteste le miracle des nuées et des feux qui les précédaient. L'inconciliabilité est absolue.

2°. LE BOIS DE SAINT FLOUR

Le Bois de saint Flour doit tout simplement son nom à son extrême proximité de la ville. Il confine au faubourg dit du Pont par sa partie inférieure, et il touchait presque autrefois le faubourg appelé la Bastide au xive siècle, aujourd'hui les Tanneries. L'Ander et un ruisseau, son affluent, les séparaient seuls. Il servait au chauffage des habitants qui prétendaient même en avoir la propriété, et soutinrent là-dessus plus d'un procès. Pendant la peste de 1447, on établissait les

pestiférés de la ville dans le « *Bos Saint-Flour* », ainsi l'appe-
lait-on alors de même qu'aujourd'hui, et on leur y construisait
des cabanons comme dans un communal (1).

3°. LA CROIX DE SAINT FLOUR

La croix plantée non loin de la source et du bois, dans une
chalme ou maigre pacage, faisant autrefois partie du même
territoire dit de Saint-Flour, n'a pas plus de points communs
que le reste avec les origines floriennes. Sa présence en ce
lieu a contribué, sans nul doute, à monter les imaginations.

Elle date de 1427 et marque un souvenir national, moins
antique, mais bien noble aussi, celui de la commotion patrio-
tique et religieuse qui remua si profondément le pays pendant les deux années antérieures à l'apparition de Jeanne
d'Arc. Instruments et propulseurs de cette agitation féconde,
des moines mendiants de tous les ordres parcouraient les
provinces à la façon de Jean de Roquetaillade au siècle précédent, et de Vincent Ferrier, en 1416, suivis de troupes de
disciples enthousiastes, prêchant sur les places publiques,
aucune église n'étant assez grande pour contenir les foules
accourues sur leur passage. Paris était occupé par les Anglais,
abhorrés ici; un roi anglais s'était fait couronner roi de
France; la cour de Charles VII offrait le misérable spectacle
d'un roi fou mené par des politiciens sceptiques et pourris;
les villes fidèles, et Saint-Flour fut de celles-là, grondant
sourdement, accablées de misères et d'impôts, accueillaient à
bras ouverts, consuls en tête, ces pauvres moines désinté-
ressés, dans la parole de qui vibrait, au milieu de l'abaisse-
ment et du découragement général, tout ce que la nation
renfermait de patriotisme, d'espérance et de dévouement. Ils
annonçaient à tous que les maux sous lesquels le pays suc-
combait, étaient le châtiment de leurs fautes; mais que s'ils

(1) Archives S.-Flour. *Reg. consul. de 1447*, folio 4, v°. — A Jean
Boyer, de Saint-Flour, un de ces pestiférés de 1447, les consuls envoyaient
des vivres.

revenaient à Dieu, la délivrance ne se ferait pas attendre. La Pucelle ne fut que la personnification de cet élan national, où le rôle de l'Eglise n'est plus discuté. Pendant cette période d'entraînement, de 1418 à 1429, Saint-Flour ne cessa d'être soutenu et enflammé par les prédications de ces religieux étrangers.

L'un d'eux, Rafaël de Cardona, carme blanc et maître en théologie, arriva dans la ville le 22 avril 1427, y prêcha trois jours de suite, et planta, la veille de son départ pour La Voûte, « une *grande croix à la chalm de S. Flor* en remembrance de la passion du Seigneur ». La cérémonie fit si bien époque, que les consuls l'ont consignée dans les registres municipaux (1), et qu'on y fit des visites en procession.

Rafaël de Cardona revint à Saint-Flour au moment de la campagne de Jeanne d'Arc, à l'occasion de la tenue du chapitre général des Dominicains qui s'assembla cette année-là dans la ville, et il y donna une nouvelle suite de sermons (2). Voilà l'origine de la croix que le public a cru depuis avoir été plantée là en l'honneur d'un miracle et de la retraite de saint Florus. Et cette autre pseudo-tradition a nécessairement pris naissance assez longtemps après, au bout d'un certain nombre de générations, puisque le souvenir de la mission de Cardona, d'où vient son érection, était abolie dans les mémoires, malgré la gravité des événements qu'elle rappelait, le réveil et la délivrance de la France.

4°. LA GROTTE DE SAINT FLOUR

Toujours par la même raison le peuple a voulu voir dans une excavation de rochers que l'on aperçoit très bien de la ville, au levant et sous la Chaumette, une grotte où Florus s'était retiré ; une erreur a entraîné l'autre. Si *Bolisma* était là, si la croix avait été, dès les origines, plantée et toujours remplacée là à cause de lui, pourquoi l'étroite grotte voisine

(1 et 2) *Villandrando et les Ecorcheurs à S.-Flour*, p. 22. Marcellin Boudet. Sources et textes cités. — *Reg. consul. de 1427* (Arch. munic.).

n'aurait-elle pas été sa demeure? La biographie de Géraud Vigier, certainement plus d'une fois utilisée en chaire par les prédicateurs locaux, devait rallumer les imaginations de même que l'hérésie de Luther avait rallumé les esprits catholiques.

Ce racontar est aussi fantaisiste que les autres et d'origine aussi moderne. Le prieur des carmes de Clermont n'en souffle pas mot en 1625, Dom Branche est le premier à le rapporter vingt-sept ans après (I. 113). Il serait donc né à cette époque qui en vit surgir de toutes sortes. Loin de parler de Florus comme un ermite retiré dans une grotte quelconque, la chronique de Bernard Gui le dépeint comme un fondateur d'établissements mort à Indiciac au milieu de ses disciples. Et s'il fallait le faire mourir dans une grotte, encore l'une de celles qui ceinturaient le bourg (1), eût-elle été préférable, et, entre toutes, l'une de celles qui se trouvaient entre la porte des Roches et le chevet de la cathédrale. L'une fut comblée à la fin du xive siècle seulement, lors de la réfection de cette porte et de l'extension de l'enceinte reportée alors où on en voit encore un superbe lambeau. On l'appelait en 1376 « *la Crota de las Rochas* » (2). Une autre, existant encore en 1414, était appelée alors « *la mayso soteyrona de las Rochas* » et la ville la louait pour en faire son dépôt de chaux (3). Mais le peuple brode sur ce qu'il voit; celles-ci avaient disparu ou avaient été fermées par des murailles, l'autre était sous ses yeux, juste en face de la ville, à la même hauteur, près de la croix et du Bois Saint-Flour. Le plus sage est de s'en tenir, pour le lieu de la mort de Florus, aux coutumes ordinaires de l'Eglise

---

(1) Elles étaient encore assez nombreuses en 1382 ces *crotas* pour que celles de la rue de Muret servissent à y loger les troupes du maréchal de Sancerre après le siège du Saillant. (*Reg. consul. de S.-Flour, 1382*). Une de ces « *crotas* », située sous la tour du Tulle, s'étant en partie effondrée en 1408, amena la chute de cette grosse tour le 20 février 1414. (*Reg. 1407, 1408 et 1414*).

(2) *Reg. cons. de 1376*, p. 7 de ma publication, sous presse.

(3) *Reg. consul. de 1414*, fo 40, vo. Elle appartenait alors à Jean Esclavi, diacre de la cathédrale.

qui étaient de bâtir les temples sur le lieu de la mort ou de
la sépulture des saints, et de marquer par un signe sacré
quelconque l'endroit même où leur âme s'était déliée du corps.
Les disciples du nôtre construisirent, à son décès, une église
à Indiciac pour conserver sa dépouille, ils la placèrent sous le
vocable de saint Pierre qui resta l'un des patrons lors de
la reconstruction du xi° siècle. C'est l'emplacement de la
cathédrale qui doit donc être réputé, jusqu'à preuve du contraire, le lieu de la dernière retraite de Florus et surtout
celui de son inhumation. Telle est aussi l'opinion du prieur
de Pébrac.

5°. LA MAIN DE SAINT FLOUR

Pour cette fausse légende comme pour les précédentes, aucune mention ancienne. Née vraisemblablement des mêmes
causes, le renouveau du culte du saint local après les guerres
de religion, elle date encore du xvii° siècle. Lorsque le
clergé paroissial, mis au courant de l'existence de la
chronique de Bernard Gui par .a publication de la *Vie paré-
nétique*, eut vulgarisé le récit des évêques de Lodève et de
Saint-Flour, le peuple sut que Florus avait gravi la montagne par « un étroit sentier » frayé à travers « une roche
coupante » ou « coupée ». Il chercha naturellement des yeux
l'endroit qui se prêtait le mieux à l'application du texte. L'entrée de la poterne de la Frause répondait à la description :
sentier étroit et rude, taillé dans la roche. Et alors, remar-
quant sur la paroi de droite, en montant, la trace d'une de ces
gangues à surface lisse si fréquentes dans le basalte où l'on
trouve des noyaux de pierres perdues lancées naguère par le
volcan au milieu de flots de boue et de cendres, il y vit
bientôt l'empreinte de la main du saint qui, dans une chute,
en montant, avait dû s'y appuyer; encore aujourd'hui elle est
peinte en rouge par les gens du quartier pour la distinguer
du surplus du roc.

Cette soi-disant tradition n'a guère plus de chances que

celle de la source. Les registres de comptes de la ville constatent, en effet, qu'à la fin du xiv⁰ siècle, lorsqu'on refit les portes de la Roche et de la Frause, on creusa le rocher avec « *lo pic, lo martel et los coins de fer ou d'assier* », et on en abaissa le seuil afin d'en rendre l'abord moins difficile par une pente plus régulière de l'étroit chemin d'accès (1), lequel ne servant jusqu'alors qu'aux piétons, put désormais être pratiqué par les bêtes de somme; et comme la prétendue empreinte de la main du saint est fort peu élevée au-dessus du sol, comme d'autre part la coupure a été abaissée et qu'on a fait sauter la bosse de rocher qui se trouvait là, on voit la conclusion.

Une raison toute particulière engageait aussi le peuple à chercher de ce côté. L'habitude était au moyen-âge de placer de petites statues de saints dans des niches ménagées au-dessus des portes de la cité. Elles étaient là pour souhaiter la bienvenue à l'arrivant, porter bonheur au départ, au quartier, et défendre l'entrée de la place contre l'ennemi. La rue de la Frause part de la porte de ce nom pour aboutir au quartier de Pescharot; la porte d'entrée de ce quartier de Pescharot était en 1465 surmontée de « la magestat (statue) de Nostra Dona ». Au xvi⁰ siècle, et beaucoup plus tôt, à ce qu'il semble, la statue de Monseigneur saint Flour « *Moss. S. Flor* » avait sa niche sur la porte même de la Frause. Il est fort possible que ce fût en souvenir de ce qu'on le croyait entré par là. Les consuls faisaient repeindre les statuettes quand les habitants du quartier négligeaient cette mesure d'entretien, leurs registres en contiennent la preuve.

Quant à l'empreinte, jamais la Ville ne prit aucune mesure pour la préserver des dégradations du public et de l'outrage des animaux, malgré son grand respect pour tout ce qui concernait son patron, et le soin qu'elle apportait à la conservation de ses souvenirs ou de ses monuments sacrés. Dans la

(1) On trouvera les textes dans la publication des extraits des registres consulaires de cette époque. On s'y prit à plusieurs fois de 1380 à 1405 pour faire ce travail.

centaine de registres de ses archives, de 1376 à 1587, il n'en
est pas une seule fois question. Encore une prétendue légende,
née d'une exubérance de foi au commencement du xvii° siècle,
et du redressement d'un peuple pieux contre le calvinisme
qui proscrivait le culte rendu à Dieu et aux saints dans leurs
images matérielles.

§ IV. — La prétendue église de saint Florus consacrée par Urbain II. Le château et la salle de Brezons.

Derrière la cathédrale, dont elle est séparée par l'étroite
cour de la maîtrise, s'élève une vieille construction voûtée en
forme de coffre, remaniée, coupée à son extrémité nord, et
cent fois rapiécée. Elle est séparée du rempart des Roches
par une terrasse d'une dizaine de mètres de large, qui représente l'espace dont avança l'enceinte entre 1376 et 1382 (1).
Avant cette époque, c'était cette construction elle-même qui
formait rempart en ce point; aussi son mur nord-est est-il
plus épais que son mur parallèle, et mesure-t-il 1 mètre 30 à
1 mètre 40 au sommet. On distingue très bien les pierres pri-
mitives dont il fut bâti, brunes, vermiculées par les intempé-
ries, rongées par l'âge, et dont plusieurs sont en partie
effritées, d'avec les pierres de taille modernes de Bouzentès
qui ont servi à la restaurer. La partie inférieure est la mieux
conservée par suite de son affectation aux caves des chanoines.
Des contreforts contemporains de l'édifice en soutiennent les
maîtres-murs de chaque côté; ceux qu'on a refaits ont été
reconstruits à la même place que les anciens.

A l'intérieur, ce qui reste du vaisseau mesure 17 mètres
de long et 7 à 8 de hauteur environ sous voûte, *sur 6 mètres
seulement de large*. Le mur du fond a été refait après coup;
on ne sait au juste quelle était la longueur du vaisseau primitif, mais sa largeur est fixe. Deux colonnes engagées, par-
tant de la naissance du cintre de la voûte et s'arrêtant à
3 mètres du sol primitif, sont surmontées par des chapiteaux

(1) *Reg. consul. de S.-Flour*, à ces dates.

ornés de ces feuilles d'acanthes grossières et massives que les artistes du haut moyen âge avaient empruntées au style barbare de la fin de l'ère gallo-romaine. Sur celui de gauche se remarque le pointillé au poinçon qui est l'un des signes les plus avérés de leur date. La retombée se termine par une figure humaine non moins fruste. Ces colonnes supportaient l'arceau de la voûte primitive; car la voûte actuelle, ainsi que les baies qui l'éclairent au levant, sont sensiblement plus récentes, de trois siècles au moins.

Cet édifice, qui sert aujourd'hui de sacristie à la chapelle épiscopale, est l'objet le plus ancien et le plus intéressant de Saint-Flour, au dire des archéologues de profession, tout grossier qu'il est. Les maîtres-murs et les chapiteaux sont du xiᵉ siècle.

C'est l'avis des plus compétents que je viens d'exprimer. Ils n'admettent pas que ce boyau ait pu être une église (1). Et, en effet, il n'est pas besoin d'avoir la profonde expérience de ceux qui ont émis cette opinion pour comprendre qu'une église construite dès l'origine pour vingt-quatre moines et un prieur et pour desservir une population de plusieurs milliers d'âmes agglomérées — l'étendue de l'enceinte contemporaine en témoigne — sans compter la paroisse rurale, qu'une église de ville, en un mot, n'aurait pas reçu de si étriquées proportions, celles d'une galerie étranglée ! La place des stalles des

(1) Sur mes indications, M. Emile Mallay, architecte diocésain du Puy-de-Dôme pendant plus de 20 ans, lauréat de l'Institut presqu'en sortant de l'Ecole des Beaux-Arts, restaurateur d'une quantité d'églises des xiᵉ, xiiᵉ et xiiiᵉ siècles, constructeur de la partie nouvelle de la cathédrale de Clermont sur les plans de Viollet-Leduc, s'est rendu à Saint-Flour il y a quelques années, pour en examiner les plus anciens et meilleurs vestiges. Il travaillait alors à la continuation du grand recueil d'architecture de Viollet-Leduc, avec planches. Après examen attentif et dessin des chapiteaux levés, il exprima l'avis qu'ils étaient, spécialement la colonne de gauche, du xiᵉ siècle, sans aucune espèce de doute. Ces chapiteaux et le grand arceau extérieur de l'égoût de la Place, au nord, sous l'hôtel de la Poste, furent les objets qu'il jugea le plus dignes d'être gravés, de tous ceux de la ville, et il les dessina comme il savait le faire. Ils seraient déjà publiés si la mort n'avait interrompu les travaux de ce savant et de cet ami.

moines, défalquée de chaque côté de ces six mètres, où auraient donc évolué les desservants en un temps de grande pompe dans les offices? et la place des chapelles latérales? et le public où se serait-il mis? et la procession des prêtres où aurait-elle passé? et cette disposition choquante en couloir, sans exemple, de six mètres sur une vingtaine de long!

Les documents du moyen-âge confirment absolument ces indications. Le vaisseau ne fut pas une église, c'est le dernier vestige du château primitif de Saint-Flour, dit de Brezons; ce qu'on a appelé pendant toute la fin du moyen-âge et même encore au xvi° siècle « *la Salle de Brezons* »; une de ces longues galeries de châteaux forts que l'on divisait à son gré en compartiments à l'aide de lourdes tapisseries, ou qu'on laissait dans toute leur étendue suivant les divers usages auxquels on les destinait momentanément. Tout château avait sa « Salle » et le rôle de cet appartement était si essentiel que, par extension, on en donnait le nom au château lui-même quand il était chef-fief (1). Là se rendaient les hommages au suzerain,

_____

(1) « Le *château* de Vaziac... la maison du seigneur de Vaziac appelée *la Salle de Vaziac* (Vente de 1287, par Pierre de Nérestaing, seigneur de Vaziac, à Robert VI comte d'Auvergne. Arch. nat., *Trés. des Ch.*, R. 126, fol. 108.) — Le château de Sennezergues (canton de Montsalvy, Cantal), est dénommé « *la Sala de Sennazergues* » en 1266 dans l'hommage rendu par Archambaud de la Roque, seigneur en partie du lieu, au vicomte de Carlat (Arch. de Monaco, G. 13, liasse 140, 18. Communication de M. le comte de Dienne.) — Le château d'Ennezat (arrondissement de Riom), est appelé en 1406 « *la Salle* de Monseigneur » dans le terrier de Montgâcon, « *apud* le Chastel-d'Ennezat » (Collection de M. Fr. Boyer). — Même dénomination donnée au château des comtes d'Auvergne et de Boulogne dans Clermont (Terrier de Clermont pour Godefroy III de la Tour-Boulogne. Ibid.) — Le terrier de Joze (cant. de Maringues, arrondissement de Thiers), appelle, en 1539, le château du lieu où naquit le grand Turenne, « *la Salle de Joze* » (Ibid.). — Les consuls de Saint-Flour mentionnent, en mai 1593, le château de Vézac (canton nord d'Aurillac) « *la Salle de Vézac* » (Arch. Saint-Flour, ch. XI, art. 2, n° 62). — Les terriers de Polminhac et du Carladès appellent, aux xv° et xvi° siècles, le château de Salvanhac, près Vic-sur-Cère « *la Salle de Salvanhac* » (Arch. dép. Cantal), etc., etc. C'est par suite de cette synonymie que tant de lieux et tant de familles en France portent le nom de la Salle. Il y en a 191 au *Dictionnaire des Postes et Télégraphes*. Ce n'est qu'une faible partie des anciennes *Salles*. Le nom et le sens dérivent de la *Sala* des Francs qui, d'après les lois mérovingiennes, était libre de toute redevance à quiconque.

là le seigneur ou ses gens de justice tenaient leurs assises, là
se réunissaient les vassaux du fief quand le baron les convo-
quait pour délibérer de la guerre ou de la politique. Les
grands festins s'y donnaient sur des tables d'une longueur
interminable ; les tenanciers y portaient ou étaient sensés
y porter leurs redevances avant de les voiturer aux gre-
niers ; les hommes d'armes y dépliaient leurs couches le
soir pour les enlever au matin, quand la garnison était nombreuse. De même que le donjon est la tour du Louvre du
fief, de même la Salle est le cœur de la vie féodale dans le
château.

On chercherait en vain le tracé du château de Brezons, à
Saint-Flour, dans les livres ; aucun historien de la province
n'a indiqué son emplacement, parce qu'aucun d'entre eux n'a
pris la peine de restituer le vieux Saint-Flour d'après les documents originaux de ses archives (1). Je suis donc obligé
d'entrer dans quelques détails pour le localiser.

La « *Torre de Brezons* » à Saint-Flour (2), la « *Tornela de
Brezons* » (3), la « *Tornela domini episcopi vocata de Brezons* » (4), la « *Aula de Brezons* » en latin (5), la « *Sala de
Brezons* » en roman (6), en français « la *Salle de Brezons* » (7),
« *l'estra de Brezons* » (8), « *l'eschalis de Brezons* » (9), sont très
souvent nommés au XIVe siècle dans les registres consulaires
et les autres documents des archives de Saint-Flour. L'en-

----

(1) De Ribier, *Dict. statist. du Cantal*, 1 vol., *verbo S.-Flour.— Notice
sur S.-Flour*, de M. Gardissal, professeur. — Paul de Chazelles (article
S.-Flour au *Dictionn. statist. et historique du Cantal* en 50 vol., t. III),
le nomme sans dire où il était situé. — *Ancienne Auvergne*, t. II, muette
aussi, ainsi que Bouillet, etc.

(2 à 5) *Reg. consul. de 1376-78.* — *Arrêt du parlement du 9 juin 1382.*
— *Procès-verbal de sommation du 22 mai 1385.* (Arch. S.-Flour,
ch. II, art. 2, n° 50. Orig. parch.) — *Aulam de Brezons* (Mêmes arch.,
titres non classés. Petite boîte. Sentence du bailli des Montagnes du
19 mai 1372.)

(6 et 7) *Même reg. 1376-78.* Elle y est trois fois nommée la Sala de
Brezons (p. 16, 25 et 26 de notre publication sous presse). — *Reg.
consul. de 1379*, p. 69, etc.

(8 et 9). Alias « *Eschali de la Sala de Brezons* » (*Reg. cons. de
1376-78.* En 1377, p. 16 de notre publication).

semble de ces éléments constituait ce qu'on appelait le *Castrum Sancti-Flori* (1).

L'assiette de ce château de Saint-Flour, dit de Brezons, ne peut faire l'objet d'aucune hésitation. Il se dressait à l'extrémité est du promontoire et faisait partie de l'enceinte, entre la porte des Roches et l'évêché, derrière la cathédrale. L'emplacement de la sacristie de Monseigneur en faisait partie. Il se composait, comme on vient de le voir, d'un corps de logis, d'une tour plus haute et d'une plus petite appelée tournelle. Un escalier permettait de monter sur le rempart qui le fermait au levant, pour le guet et la défense. C'est le premier et le seul château qu'ait eu la ville; la forteresse qu'Amblard le Mal Hiverné construisit ou commença de construire aux environs de l'an 1000, nous l'avons déjà raconté, à la place du premier monastère par lui renversé, et qu'il donna en fief à son cousin Amblard Ier de Brezons qui tenait déjà de lui, du chef de son père, Astorg le Taureau Rouge, la vieille église où reposait le corps de saint Florus. Et comme Amblard de Brezons y demeurait (2), que probablement il l'acheva, on l'appela le château de Brezons. Par suite de la donation des deux Amblard au pape, du pape à Cluny, puis de la cession de Cluny à l'évêque lors de l'érection de Saint-Flour en chef-lieu de diocèse en 1317, les évêques en devinrent propriétaires, en devenant seigneurs de la ville. Mais déjà la Commune avait à cette époque, et depuis longtemps, la possession de toutes les fortifications, le château compris, doublée du privilège de les garder et de les défendre seule, à l'exclusion de son seigneur. C'est ce qui fut établi à l'encontre de l'évêque et du chapitre cathédral par deux enquêtes, l'une faite en 1319 aussitôt après l'érection de l'évêché, l'autre en 1349 (3), et ne cessa

(1) Arch. S.-Flour, chap. I. Hommages des consuls à l'abbé de Cluny, en 1289-1295. — Vidimus de 1309, etc.

(2) Dans le récit du miracle du feu ou des oies qui eut lieu à Pierrefiche, commune d'Oradour, et que raconte un moine de Conques, vers le milieu du XIe siècle, Amblard est dit demeurer en Planèze et non pas à Brezons. » (De « miraculis s. Fidis, » manuscrit de Schlestadt).

(3) Arch. S.-Flour, ch. I. Anc. comput.

d'être maintenu . La Commune allait même, en plein xive siècle, jusqu'à soutenir qu'elle avait exclusivement le droit de
garder l'évêché (ancien prieuré), sous prétexte qu'il s'adossait
au rempart; la prétention était excessive, elle fut rejetée;
mais sa possession de gardienne du château de Brezons lui fut
reconnue, la propriété féodale restant au seigneur-évêque.

Lorsque, sous Charles V, elle voulut refaire la vieille enceinte depuis la porte des Roches jusqu'au commencement de
la rue de la Frause appelée la Vernèze, en l'avançant un
peu derrière la cathédrale et l'évêché, il fallut englober
quelques jardinets des chapelains de la cathédrale, les latrines de l'évêché et couper une partie du château de Brezons qui s'avançait là en pointe irrégulière. Les travaux
commencés en 1372, furent interrompus par l'opposition de
l'évêque et du chapitre, puis repris au commencement
de 1377, sur ordre du roi, et les consuls de cette année
payèrent des manœuvres « *per far lo chadeffalt de las Rochas
e lo eschali de la Sala de Brezons* », afin que le château et
cette portion de l'enceinte restâssent accessibles aux arbalétriers, malgré les travaux, vu que les Anglais de Carlat en
profitaient pour attaquer (1). L'évêque les arrêta de nouveau;
un énorme procès se déroula, au sujet de cette occupation
d'immeubles d'églises, devant deux juridictions parallèles,
en passant par tous les degrés; l'un depuis l'Officialité de
Saint-Flour, jusqu'à l'archevêque de Bourges et au pape de
Rome, l'autre depuis le bailli royal des Montagnes jusqu'au
parlement de Paris et au roi lui-même. Au civil, il donna lieu
à une procédure d'expropriation pour cause d'utilité publique.
Une commission des trois Etats de la prévôté de Saint-Flour
se transporta au mois d'avril 1377 « *sus lo luoc* (2) » sur les
lieux, et ces lieux sont spécifiés clairement par l'ordre des
consuls de « *deneghar* (nettoyer) *lo mur de las Rochas e la Sala
de Brezons* » en vue de la visite (3). Le 19 mai suivant, dix-

(1 à 2) *Reg. consul., 1376-78.*
(3) Dans la partie s'étendant de la Place à la porte de la Frause.

sept des représentants convoqués sur vingt-sept s'assemblèrent donc en jury dans « *la Salle de Brezons*, » en présence du bailli des Montagnes qui présida le plaid et prononça, séance tenante, la sentence d'utilité publique, autorisant la Commune à prendre possession de l'emplacement exproprié, entre le vieux mur et celui qu'on voulait continuer de faire en avant, sauf indemnité à fixer par expert. Elle enjoignait de continuer la construction du nouveau rempart, depuis la porte des Roches jusqu'à la Vernèze, et spécialement de la partie de ce mur neuf située « entre la petite tour voisine de *la Salle de Brezons*, jusqu'à la petite tour des latrines de l'évêque (1) ». C'était sur cette section que portait le débat le plus aigu, car elle intéressait le château. Bien que l'évêque ne l'habitât point et qu'il servît simplement de prétoire et de lieu d'assemblée, il était le signe visible du seigneurat.

Les consuls, assistés de la force publique, firent « tranchar *la tornella de Brezons* » par le milieu après avoir fait « tranchar la tornela *de l'hostal de Moss. de S. Flor* » (4 juillet 1377 (2); mais il fallut suspendre encore les travaux pour prévenir des conflits sanglants entre les gens de l'évêque et la population, et revenir devant le parlement.

Non seulement il avait fallu démolir l'extrémité de la Salle de Brezons « derrière l'hôtel épiscopal » mais déchausser son mur au levant, par de larges fouilles, qui menaçaient de faire choir la voûte et crouler tout l'édifice par l'écartement des murs. En conséquence, on la « défaita », on enleva son faîte,

(1) *Ordinamus... quod fiat murus novus... a torrella quœ est juxta* AULAM DE BREZONS USQUE AD TORRELLAM *quœ est ad latrinas dicti domini episcopi, ac continuentur muri novi facti* A PORTALE DE RUPPIBUS VERSUS DOMUM DE LA VERNEZIA. (Arch. S.-Flour, titres non inventoriés. Petite boîte. Orig. parch. *Sentence de Pierre de Lar, bailli des Montagnes, du 19 mai 1377*). Le commencement de la rue de la Frauze jusqu'à la porte de ce nom, s'appelait alors la Vernèze du nom d'une famille de Vernet qui y possédait plusieurs maisons, habitées par plusieurs branches, notamment à la fin du xive siècle par la dame de Vernet, « *la dona de la Vernesia* » dont il est ici question. (Arch. S.-Flour. Boîte, *Rôles et impositions*). — Les latrines de l'évêché étaient au sud ou sud-est de la Maîtrise.

(2) *Reg. consul. 1376-1377*, p. 37.

on la décoiffa, c'est-à-dire qu'on démolit la voûte en laissant debout les deux murs parallèles sur lesquels elle s'appuyait ; puis, quand le nouveau rempart fut terminé et l'espace compris entre lui et la Salle de Brezons remblayé, on refit la voûte. Au mois d'avril 1379, les consuls payaient un mémoire de dépenses faites « *quant fos défayta la Sala de Brezons* (1). » C'est pourquoi la voûte actuelle n'est pas du style des murs et de leurs demi-colonnes engagées. Les travaux arrêtés une fois de plus par l'opposition de l'évêque, furent repris par l'ordre formel du roi, en exécution d'un arrêt du parlement de Paris prescrivant la réouverture des chantiers, la démolition « des latrines de l'évêché et de *la tour de l'évêque appelée de Brezons* » (9 juin 1382) (2).

Les assises se tenaient encore, en 1471, dans « *la Salle de Brezons* (3). » La même année, le 5 novembre, sur la réclamation du chapitre nu-propriétaire, la ville gardienne et usufruitière, décida de couvrir « *la torre de Brezons* (4) ». Ainsi, quatre siècles et demi après les donations d'Amblard de Brezons et de son cousin le Comtour de Nonette, les droits de l'évêque et du chapitre, représentants des premiers donataires, sur le château de Brezons, sont exactement ce qu'ils devaient être. Quand la Commune eut perdu son autonomie militaire, et surtout quand on eut bâti sous Louis XIII un palais de justice pour le bailliage de Saint-Flour (5), le chapitre recouvra la jouissance de l'ancienne Salle de Brezons, dont il fit une

(1) *Reg. cons. 1379*, p. 69.

(2) Arch. S.-Flour, chap. II, art, 2, n° 50. Le maître des œuvres de la ville, Jean Pertuzet, dit le Galochier, n'osait pas rouvrir le chantier ; il ne le fit qu'après avoir exigé par un acte la garantie des consuls (22 mai 1353. *Ibid.*). Il fallut que le roi intervînt à plusieurs reprises.

(3) Arch. S.-Flour, chap. V, art. 6, n°6.

(4) Ibid. Minute de la délibération municipale du 5 novembre 1471 : — « Lo mars a cinq de novembre... li religious de S.-Flor, ont requeritz los sr^s cossols que hom volgues cubrir *la torre de Brezons*... Johan Noël (premier consul) dice que hom fassa cubrir *ladita torre de Brezons.* »

(5) *L'Hôtel du Consulat de Saint-Flour, ses maîtres et la bourgeoisie sanfloraine au moyen-âge*, Marcellin Boudet, 1895. (*Bull. histor. et scientif. de l'Auvergne*, publié par l'Académie de Clermont.)

salle capitulaire, au moins pendant quelque temps, en atten-
dant que la Terreur en fît une prison.

L'ensemble de ces textes concorde topographiquement avec
la situation de la sacristie de l'évêché ; et l'identité de ce
vieux débris du château du xi° siècle avec la Salle de Brezons
est encore plus manifeste lorsqu'on applique les titres sur les
lieux.

Nous avons d'ailleurs la preuve positive que l'église fondée
par saint Odilon et consacrée par le pape Urbain II, le 7 décembre 1095, s'est écroulée en 1396, vers le 3 août(1), tandis
que les vieux murs de la sacristie épiscopale sont toujours
debout. D'après les registres des consuls, les débris couvri-
rent le sol du cimetière et de la Place. La Place et le sol de
l'ancien cimetière sont contigus à la cathédrale actuelle ; ce
qui exclut non moins péremptoirement que le reste, la sacristie épiscopale. On se mit aussitôt à relever l'église tombée,
il fallut 70 ans pour l'achever ; c'est notre cathédrale. Enfin
rappelons encore ici l'usage de recouvrir le lieu même de
la sépulture des saints avec les églises qui leur étaient
dédiées ; ces basiliques étaient des tombeaux autant que des
temples.

Il faut donc complètement renoncer à voir un reste de
l'église d'Urbain II, dans la sacristie de l'évêché. Cet unique
vestige du xi° siècle à Saint-Flour, est la dernière trace du
château de Brezons. Les pas discrets du prélat et de ses clercs
glissent chaque jour entre les murs qui retentissaient, il y a
près de neuf cents ans, du bruit des éperons du Taureau Rouge
et du Mal Hiverné ; puis, pendant des siècles, du fracas des
assemblées militaires, du tumulte des plaids.

Ai-je besoin de dire en terminant que l'Eglise, dans sa pru-
dence, ne prit jamais dans aucun temps la responsabilité
officielle et formelle de ces fausses légendes. Point tracassière
non plus, elle a laissé les gens se faire toutes celles qu'ils ont

(1) *Reg. cons. de 1396*, et *Mandement de H. de Magnac.*

voulu. Elle a une pure et belle tradition, celle de Florus, apôtre, civilisateur du pays et véritable fondateur, par son culte, de la métropole des Montagnes, dont on ignorerait tout sans lui jusqu'en des temps assez rapprochés. Géraud à Aurillac, au midi des monts ; Flour sur l'autre versant.

Il était cependant utile à l'Eglise, et il était temps, qu'une main amie épurât cette page de son livre d'or des scories dont on l'avait surchargée, pour ne pas laisser à ses adversaires le trop facile avantage d'une injuste assimilation. Ce service, les nouveaux Bollandistes de Bruxelles, de la compagnie de Jésus, viennent de le lui rendre dans leur dernier volume, en élaguant celles de ces légendes parasites qu'ils ont connues, d'un seul mot, tranchant comme la lame d'un sécateur : *fabulosas*. Et ici nous sommes absolument d'accord.

Ils ne les avaient pas toutes connues, et celles qui leur étaient signalées, ils les avaient affirmées mais non prouvées fabuleuses. Cette œuvre complémentaire restait à accomplir, j'ai tâché de la remplir de mon mieux, avec le respect du Sacré, l'amour absolu du Vrai, et cette insatiable appétence de l'Inconnu, tourment et consolation de ceux qui l'éprouvent ; prêt d'ailleurs à renoncer à chacune des opinions émises dans cette étude, sur de meilleures preuves et pour une préférable opinion.

PIÈCES JUSTIFICATIVES

I

Vetustissima legenda S. Flori (1).

Sanctus Florus (primus Ecclesie Lutovensis præsul) (2) ex transmarinis partibus oriundus esse traditur ex *vetustissima legenda*, in
qua hæc ita legi :

S. Florus, *unus ex septuaginta duobus Christi discipulis* et
sacro latice per ipsum ablatus et peritissime illius sapientia edoctus,
honorifice dictus filius ejus spiritualis, admonitione et mandato
B. Petri senatus Apostolici Principis, Evangelii prædicandi causa,
ad provinciam Narbonensem (quæ Gothica seu Occitanica postmodum vocata est), missus fuit.

Quamobrem autem *Lutovæ* pedem fixit, eversis veteribus quer-
cubus amotisque Gentilium fagis, hoc est vetusta Gentilitatis Ido-

---

(1) *Nota.* — Il est possible que cette *Vetustissima legenda* dont Jean de
Plantavit de la Pause a donné le résumé tel que nous le reproduisons, ne soit pas le
manuscrit de Bernard Gui, écrit en 1329 seulement, mais une des légendes antérieures où Bernard Gui lui-même a puisé. Jean de Plantavit, évêque de Lodève,
la relevait en 1644. Il aurait pu dire *vetus*, mais non se servir d'un superlatif
exagéré, s'il eût entendu parler d'un ouvrage remontant à trois siècles seulement
avant lui ; de même que nous ne nous servirions pas aujourd'hui de cette expression « excessive ment ancien » pour qualifier l'écrit de Jean de Plantavit.
Du temps de cet hagiographe, il ne manquait pas de manuscrits des treizième,
douzième siècles et temps antérieurs ; lui – même en a consulté. Comment
donc les aurait-il appelés? Dom Branche, prieur de Pébrac, a parfaitement distingué la *Vetustissima legenda S. Flori* de l'ouvrage de Bernard Gui *(Vie des
Saincts et Sainctes d'Auvergne et du Velay. I : Sainct Flour)*. Mais rien ne
prouve que la *Vetustissima legenda* soit antérieure à la charte de fondation de
Saint-Flour dont nous avons l'analyse faite vers 1131. Son antériorité à la légende
de Bernard Gui ne repose pas elle-même sur une certitude historique ; elle n'est,
tout au plus, qu'une probabilité.

(2) La parenthèse, ainsi que celle du second paragraphe, n'est pas dans l'ouvrage imprimé; je les figure, supposant les mots qu'elles englobent ajoutés, pour
l'éclaircissement, par Jean de Plantavit. Il ne dit pas, en effet, reproduire mot à
mot la légende. — Le nom de Saint-Flour a commencé entre 1013 et 1025 de remplacer celui d'Indiciac qui ne survécut pas au onzième siècle. La légende n'est
donc pas antérieure, à moins que le membre de phrase relatif au nom nouveau ne
soit une adjonction de l'évêque de Lodève.

latria quæ circa quercus in hisce locis montanis, et passim alibi, apud Gallos olim solebat, vanaque ipsius superstitione extra urbem eliminata, penitusque abolita, confidenter ibi et animose fidem Evangelicam palam et publice prædicavit, et universo populo assumente, confestim factus est primus pastor et Episcopus animarum.

Postmodum, inspirante et præcipiente divino Numine, unacum quibusdam discipulis suis in *Bolismam* profectus est : ad cujus collem cum pervenisset, illique gravissima siti laborassent, scipione quem manu gestabat, tanquam alter Moyses, terram aridam et inaquosam percussit. Unde tanta aquæ vivæ copia effluxit et præclarus inde et perennis fons ab illo die in hodiernum perduret, multisque populis factus sit irriguus. Demum, ad montem *Indiciacum apud Arvernos* pervenit ; ubi facta tandem ingente populorum concursu, constructa est urbs, quæ a nomine illius Floropolis (seu S. Flori civitatis) nuncupata est (1).

11

996-999

Bulle de Grégoire V adressée à Odilon confirmant son ordre dans la possession du monastère d'Auvergne où repose le corps de saint Florus, lequel monastère lui a été donné par Astorg. (Extrait.)

Gregorius episcopus, servus servorum Dei (2), dilecto filio Odiloni abbati monasterii Cluniacum [Cluniacensi] (3) quod dicitur in honore beatorum apostolorum Petri et Pauli consecratum... Decrevimus ut cuncta loca et monasteria ad supradictum Cluniacense cœnobium pertinentia... absque ullius contradictione cum magna securitate quietus debeas possidere... In comitatu quoque Arvernensi... Burnunculum (4) Abolniacum (5)... CELLAM *que in ipso* COMITATU sitam UBI REQUIESCIT SANCTUS FLORUS, quam

---

(1) *Chronologia præsulum Lodovensium, authore Johanne Plantavitia de la Pause, Episcopo et Domino Lodovensis, Montis-Brunis comite. Aramantis sumptibus authoris,* 1634, pp. 6 à 9. (Bibl. Nat., L4, K 843).

(2) Grégoire V (996-999).

(3) Odilon de Mercœur, cinquième abbé de Cluny (994-1048). Les dépendances de la terre de Mercœur entouraient déjà Saint-Flour de presque tous les côtés et touchaient au faubourg du Pont (Cartul. de Brioude, de Sauxillanges et de Saint-Flour).

(4) Bournoncles, ch. l. comm., canton de Ruines, arrondiss. de Saint-Flour.

(5) Alias *Abolnacum, Bulnacum :* Bonnac, ch. l. comm., cant. de Massiac, arr. de Saint-Flour (Comp. Cartul. Sauxillanges et Bullaires).

tradidit supradicto loco *Eustorgius* clericus cum omnibus ad eam pertinentibus (1).

III

1010-1013 à 1025

Donation de l'église de saint Florus, située sur le mont Indiciac en Planèse, aux saints Pierre et Paul et à Cluny, par Astorg et son neveu Amblard, dit le Mal Hiverné.

Carta S. Flori

Dum in hujus sæculi laboriosa vivitur peregrinatione, summopere laborandum est qualiter *facinora nostra* valeamus tergere. Unde noverint tam præsentes quam futuri... Quod nos, ego videlicet *Eustorgius* (2) et *Amblardus cognomento Male Hibernatus* (3), *nepos meus* sedula mente hæc pertractantes, cedimus Domino omnium honorum datori aliquid ex rebus a progenitoribus nostris traditis, quæ conjacent in comitatu Arvernensi, in patria quæ vocatur *Planetica* in Monte *Indiciano* [corr. *Indiciaco*]. Donamus itaque beatis apostolis Petro et Paulo (4) et ad locum Cluniacum et Celsiniensem (5), quibus præest domnus ac reverendissimus pater *Odilo*, ECCLESIAM IN HONORE BEATI FLORI DICATAM

---

(1) Migne. *Patrologie lat.*, t. CXXXVII, col. 932-935. — *Bullarium Cluniacense*, 10. — *Monumenta pontificia Arverniæ*, p. 20. Chaix de La Varène.

(2) Astorg de Brezons, le clerc de 990-999. Les clercs mariés étaient alors nombreux, même dans la chevalerie. Voir à ce sujet la Charte 282 du Cartul. de Sauxill. où *Eustor pius (clericus)* appelle encore Amblard « son neveu » vers la même époque. Voir aussi la Charte 457 du même Cartulaire, où Astorg est dit surnommé le Taureau Rouge, *Eustorgius cognomine Taurus Rubicundus*.

(3) Amblard, premier ou second comtour de Nonette, appelé le Mal Hiverné soit à raison de son caractère intraitable, soit après que l'excommunication frappée sur lui à cause de ses crimes, l'eut laissé sans asile. Peut-être dut-il aussi ce sobriquet au lieu où il se retira. Il y avait un lieu appelé *Male Hibernatus* ou Mau Hivernat, en Gévaudan (La Page-Montivernoux, cant. Fournels, arr. de Marvéjols, Lozère); un autre en Velay nommé *Malos Yvernatis* en 1037, dans la Charte 212 et autres du Cartulaire de Chamalières-sur-Loire (Malivernas, commune de Saint-Pierre-du-champ, cant. Vorey, arr. Le Puy); un autre nommé *Mau Hibernat* près de Mauriac. Ce dernier lieu est détruit, mais on le trouve dans les terriers. Il se peut enfin qu'il ait au contraire communiqué son sobriquet à l'une de ces localités. Mal hiverné signifie, dans ce pays froid, mal couché, mauvais coucheur, homme bourru.

(4) Ce qui doit s'entendre de Rome, ainsi que c'était la tradition dans l'église de Saint-Flour au xiiie siècle. (Voir plus loin l'*Inventoria* et lettre du prieur de Saint-Flour au pape.)

(5) Parce que Sauxillanges était alors sous l'administration directe et personnelle d'Odilon, abbé de Cluny.

cum omnibus ad se pertinentibus, ut a presenti die faciant habitatores Cluniacenses et Celsiniacenses inde quod eis placuerit.... Hoc autem ad præsens facimus. In futuro vero constituimus primum nobis, deinde cunctis nostri honoris heredibus et successoribus custodiendum, ut quicumque nostrum donationem prædii, sive *alodii*, *beneficii seu fevi* de nostro jure procedentis et ad nostram ditionem sive potestatem pertinentis facere voluerit, hic apponat, huic eleemosinæ addiciat, super hanc adjungendi et augmentandi licenciam habeat et monasterio Celsiniensi adscribat quicquid unquam fuerit, maxime in ecclesiasticis honoribus et omnino in cunctis... donationibus. Ceterum aliis monasteriis sive monachorum sive canonicorum, sive quarumlibet congregationum, exceptis Cluniensi et Celsiniensi cœnobiis, conferendi aliquid supradictorum adque donandi... Quicumque aliter fecerit... veniant super eum omnes novi et veteris testamenti maledictiones. Sig. *Eustorgii*. Sig. *Amblardi qui cognominatus est Male Hibernatus*... Sig. domini *Stephani episcopi Claromontensis*... Sig. domini *Rotberti vicecomitis* (1).

OBSERVATIONS SUR LA DATE

Les *Annales Bénédictines* (IV, App. 697-699) ont daté cette charte, empruntée par elles au cartulaire de Sauxillanges (*Ex cartulario Celsiniense*), de l'année 1016, sans en donner d'autres raisons que les souscriptions du vicomte Robert et de l'évêque Etienne; et tous ceux qui l'ont citée depuis ont reproduit les *Annales*. Robert souscrivit, en effet, la charte de Saint-Genès de Thiers, qui a servi de repère aux *Annales*, avec un évêque Etienne (que cet acte ne dit pas être évêque d'Auvergne), le 8 des ides de janvier 1016 (1017); mais il y est nommé immédiatement après Guillaume, comte de de Poitiers, suzerain de l'Auvergne : ·*in Arvernia Roberto honorabili Principe* (Baluze, *Mais. d'Auv.*, II, 30. — Cartul. de Cluny, *Saint-Hugues*), à une époque où les comtes particuliers d'Auvergne sont seuls qualifiés *principes Arvernorum* (Ibid., comp. II, pp. 40 et 42); et comme, de plus, sa femme Ermengarde d'Arles ou de Provence, sœur de la reine de France, est qualifiée *comitissa Ar-*

(1) Fol. 137 verso du mss. latin nº 5454 de la Bibl. Nat., pp. 337-338 de ''édition du Cartul. de Sauxill., par M. Doniol. Charte 441.

Cette charte a été utilisée par la *Gallia christiana* (II, diocèse de Saint-Fleur). Le résumé qu'elle en a publié est en manuscrit à la Bibl. Nat. (lat., nº 12750, fol. 41). Seulement le titre imprimé par la *Gallia* : *Monasterium Indiciatum seu de Monte plano et Sancti Flori, vulgo Saint-Flour*, renferme une erreur. Le correspondant de la *Gallia* a confondu *Mons Planeticus*, montagne située dans le pays de Planèze, *patria Planctica*, avec le *Mons planus*, Monplain, Croix de *Montplo*, terroir aux portes de la ville, où se trouvait l'une des croix limitatives de la Sauveté ou Franchise.

vernorum (Ibid., II, 45), c'est que son mari était, non plus vicomte, mais comte d'Auvergne en 1016 (ancien comput). Il fut Robert I⁽ᵉʳ⁾. On n'a qu'une autre charte de ce Robert, alors qu'il était vicomte : c'est la charte 323 du cartulaire de Brioude, qu'il souscrit précisément avec un évêque Etienne. Par le synchronisme des personnages qui y sont nommés, Alexandre Bruel (*Chronologie du Cartul. de Brioude*) l'a datée du 21 février 1011. — Quant à l'évêque Etienne, de notre charte, il souscrit « évêque de Clermont » et ne peut être, par cette raison, confondu avec l'évêque Etienne de la charte de Saint-Genès, lequel est Etienne de Mercœur, évêque du Puy. (*Chronicon monasterii S. Petri Aniciensis*, § 10. — Cartul. du Monastier-Saint-Chaffre. Abbé Chevalier.) La charte de Saint-Genès n'indique pas quel est son siège, alors que le résumé des actes de donation qu'il contient et qui comprend les donations de tout le siècle suivant, mentionne fort bien un autre Etienne évêque, en le qualifiant d'évêque d'Auvergne. Il n'y eut sur le siège d'Auvergne que deux évêques de ce nom, du temps de saint Odilon, abbé de Cluny, donataire d'Indiciac : 1° Etienne III qui, élu vers 1010 (*Chronologie des Ev. de Clermont*, Gonod), fut assassiné en 1013 (*Chronique de Massay*), et 2° Etienne IV, fils de Guillaume III, comte d'Auvergne, qui tenait le siège entre 1017 et 1028 environ (Bulle de Grégoire VIII, *Patrol.*, t. CXXXIX, col. 1601 et 1628. — *Monumenta pontif. Arvern.*, pp. 26, 27 et 29). Il consacra l'église prieurale de la Voûte en 1025 (*Acta SS. Ord. S. Bened.*, VI, pars I, p. 625.) De son temps, Robert d'Auvergne était comte et non pas vicomte de la province. — Il résulte de là que dans notre charte de Saint-Flour ou Indiciac, il s'agit d'Etienne III, et qu'elle date d'une époque variant entre 1010 et 1013.

Cette conclusion n'est pas contredite par la chronologie des comtes d'Auvergne de la dynastie issue des vicomtes de Clermont. On a deux chartes de 979 où Guy I, fils du vicomte Robert II, est dit vicomte de Clermont ou d'Auvergne, *Arvernicæ civitatis vicecomes* (Bal., II, 40. — Cartul. de Saint-Maïeul de Cluny); une autre où il se dit *princeps Arvernorum* sous le roi Lothaire (Ibid., II, 41), et quatre souscrites par lui, *Wido comes* (Ibid., II., 42; — Cartul. de Sauxill.) sans autre date que le règne de Lothaire. C'est donc entre 979 et 986, date de la mort de Lothaire, que Guy est devenu comte d'Auvergne. Il disparaît alors, et, à partir de 986, nous ne connaissons aucun acte certain et daté prouvant un seul comte de sa famille jusqu'à 1010-1013. Il est possible, sinon probable, que Guy n'ayant pas laissé d'enfants, la querelle des comtes de Tou-

louse et de Poitou fut cause qu'il n'y eut plus de comtes particuliers
de la province pendant environ 25 ans, mais de simples vicomtes
d'Auvergne. Robert III, neveu de Guy, est simple vicomte, nous venons de le voir, en 1010-1013. Son mariage, en le faisant beau-
frère du roi de France, put être cause de son élévation. La seule
charte où il s'attribue directement cette qualité — la donation du
lieu d'Aydat à la cathédrale de Clermont, *Ego Rotbertus comes
Arvernicæ urbis*, — n'est pas datée (Bal., II, 45); mais il s'y dit le
frère de l'évêque Etienne et du comte Guillaume. De vicomte qu'il
était, il fut donc encore une fois élevé au rang de comte au plus tôt
entre 1010 et 1013.

Il est possible aussi qu'il ait été qualifié vicomte du vivant de son
père Guillaume, le Guillaume IV de Baluze ; cela est même le plus
probable. Sa mère Humberge est en effet qualifiée *comitissa* (Ch. 240
du cartul. de Sauxillanges). Dans une charte du cartulaire inédit
de Paray, que n'a pas utilisé Baluze, on voit paraître vers l'an 1000,
les trois degrés de la hiérarchie féodale administrative, le Comte
d'Auvergne, le Vicomte et le Viguier : *Quidam nobilis miles nomine Petrus, clericus* (encore un chevalier clerc), *Arvernica terri-
toria vicem comitis gerens dedit... quantum in ministerio Ber-
nardi vicarii sui videbatur cum fidelibus possidere.* (Bibl. Nat.
Latin n° 9854. — Fonds Baluze, t. 75, fol. 9). Seulement le nom du
comte de la province n'y est pas indiqué. L'histoire dynastique des
comtes d'Auvergne pendant cette période est très obscure. Baluze
a dissimulé la pauvreté des preuves, sous des dissertations accessoires, suivant son habitude, en pareil cas (*Hist. générale de la
Mais. d'Auv.* I, 26-30). Il n'en est pas moins vrai que Robert, le
signataire de la *Carta S.-Flori* du cartulaire de Sauxillanges, n'était
encore que vicomte et qu'on ne peut la dater avec les chartes où le
titre de comte (d'Auvergne) lui est attribué.

IV

1014 env. à 1031 env.

Épitome de l'acte de fondation du second monastère de saint Florus, disciple du Christ, rappelant la destruction du premier (1).

In nomine Sanctæ Trinitatis, Sciant omnes tam præsentes quam
futuri qualiter ego Amblardus de Brezons, accepto cum uxore con-

(1) Ce document, communiqué par M. de Vaissière, de Saint-Flour, entre
1847 et 1855, à M. Paul de Chazelles, qui l'a inséré dans le troisième volume du

silio de salute animarum nostrarum, decrevi monasterium facere ;
ut, sicut ego et illa fructum faceremus in terris ita et immorta-
lem fructum faceremus in cœlis ; terris essetque locus ille,
ad honorem Dei constructus, nobis quasi specialis filius (1), ad he-
reditandam partem honoris nostri quem vellemus ad opus nostrum
eligere Deoque donare. Placuit enim nobis ut in *villa S.-Flori* (2),
in qua habebam vicariam et feudum magnum, UBI ET UNUS DE
DISCIPULIS DOMINI REQUIESCEBAT (3), monasterium illud
fieret in quo, post Deum, tota spes nostra collocari posset, quatenus
ibi Deo serviretur in ordine monastico ubi et servire solebat in ca-
nonico *antequam facta fuisset loci destructio* (4).

Et quia hoc per me solum fieri non poterat, ivi ad illum per quem
fieri valebat, hoc est Amblardum Contarem [corr. Comtorem] de
oppido Noneda vocato, qui hoc quod ego in feudo habebam in
alodio tenebat, *et milites suos, me et alios multos, cassaverat* (5).

Dictionnaire historique du Cantal, page 349, lui provenait de M. Béraud de
Vaissière, dernier lieutenant général du bailliage, l'auteur de l'Inventaire des
archives de la ville, terminé en 1789, et de divers autres archives des châteaux
voisins, notamment de celui de Ligonnès. Cet érudit, qui a connu et analysé
aussi les archives de l'Evêché de son temps, avait pris copie des titres les plus
importants. L'original, ainsi que celui de l'*Inventoria capituli Sancti-Flori*, ont
disparu des archives de Saint-Flour. Ils ont été envoyés à Paris aux Bénédictins.
Il est probable que celui du présent document fut compris dans les manuscrits
adressés au mois de novembre 1711 de Saint-Flour, par Dom Jacques Boyer, à
Dom René Massuet, continuateur de la *Gallia christiana*, pour le cinquième
volume de ce recueil, et dont la liste écrite à cette date de la main de Dom
Boyer renferme le passage suivant : *Carta fundationis monasterii S. Flori
necnon et excerpta quædam ex cartulariis dicti monasterii (Journal de voy.
de D. Boyer*, par MM. François Boyer et Vernière, *Mém. de l'Académie de
Clerm.*, p. 181). Il relate, du reste, les mêmes faits que l'*Inventoria*. C'est un
résumé de l'instrument primitif, il paraît avoir été rédigé sur l'arte lui-même,
avant l'*Inventoria*, c'est-à-dire au xi° siècle, et certainement avant 1131. Les Bénédictins ont admis, avons-nous dit, la sincérité de ce *quomodo fundatum fuit*.
Cette copie est assez incorrecte.

(1) Astorg de Brezons, dit le Taureau Rouge, père d'Amblard, avait déjà pris
l'engagement pour lui et ses *successeurs* d'être les défenseurs héréditaires de
l'église de Saint-Florus (Ch. 411 Cartul. de Sauxillanges.) Seulement son engagement n'avait pas été exécuté.

(2) Cet acte d'Amblard de Brezons doit se placer après celui d'Astorg,
puisque le bourg a déjà perdu son nom primitif d'*Indiciac* pour prendre celui de
Saint-Flour.

(3) Comp. Bulle des papes Grégoire V (996-999), Victor II (1055), Grégoire VII (1075).

(4) Ce passage prouve encore que l'acte est postérieur à la donation d'Astorg.
Après s'être emparé du premier monastère et l'avoir détruit, Amblard, seigneur
supérieur de Nonette et d'Indiciac, construisit à la place une forteresse qui fut
appelée de Brezons, nom du premier vassal auquel il l'inféoda, et porta ce nom
pendant tout le moyen-âge. (Arch. mun. de Saint-Flour et *Reg. consul. XIV°
et XV° siècles*. Nombreux textes).

(5) Cassare, seu casare. Inféoder à un vassal. — « *Cassare, cedere, concedere*

Quem, cum rogabam ut pro anima sua faceret quod ego volebam,
et a peccatis suis, per hanc eleemosinam remedium quæreret, ille,
graviter ferens, acquiescere noluit ut quod tenebat dimitteret, quan-
tumlibet [quamvislibet?] *injuste usurpasset.* Cui ego respondens :
Allodium suum non esse, sed Dei ejusque apostoli Petri a[d] privilegium [romanæ] sedis pertinens, ac per homagium subjacere,
periculo ipsius quamdiu possideret locum *tanto patrono subdi-
tum tamque injuste pervasum ac militibus distributum,* deinceps
reatum illius solius futurum. Cum nihil proficerem, cessavi a precibus.

Interea contigit quod Amblardus ille, qui alteram mentem quam
ego gerebat, consanguineum suum et honoris comparem Guillelmum
Brunet ut a participatione castri Nonedæ excluderet, a presenti vita
exclusit, mortique tradi fraudulenter fecit. Qui, peccati immanitate
perterritus, prius episcopum suum, deinde, ipso jubente, romanum
papam adivit, a quo pœnitentiam postulavit, prima hebdomada Qua-
dragesimali. Quo illinc [a] me assumpta uxore mea et sua, perveni.
Cui papæ magnitudinem sceleris ostendens (1), judicavit eum ; cui
propter et feodalem [corr. feodum] meum [corr. cum] omni honore et
nec habito [invitus?] adjudicavi ; quodcumque aliquid rerum *beato
Floro* destinatarum alius ecclesiæ vellet deputare sive injuste donare, quod nimium interdictum ambo fecimus (2). Ambo firma-
vimus, præsentibus uxoribus nostris et amicis, seu comitato-
ribus... (3) sed, pro omnibus, romano pontifice ad hujus doni
corroborationem dante apostolicæ sedis sanctionem. Circa idem
tempus, interim dum nos quadragesimam pœnitendo peregrini et
ad Sanctum Angelum [corr. Sanctum Michaelem] (4) profecti
sumus, ac reversi, venerabilis pater Odilo Romam venit (5), et de

— Casamentum : *feudum quod a casa dependet* — Casamentum militare...
hoc est feudis militibus concessis; unde : casati milites, — Casatus : domesticus
vel vassalus feodatus, etc. » (Du Cange, I, col. 385).

(1) Amblard I de Brezons, indigné par l'assassinat de Brunet, avait alors complètement abandonné la cause de son cousin le Comtour; et la femme de ce dernier en fit autant. (Comp. *Inventoria*, charte suivante).

(2) Comp., ch. 441, Cart. de Sauxill.

(3) Le Comtour, délaissé par tous, excommunié, se décida à se rendre avec son
cousin et leurs femmes à Rome, où fut passée cette donation, qui est la troisième
en date et ne doit pas être confondue avec celles d'Astorg de Brezons et du
Comtour (ch. 441, *loc. cit.*).

(4) V. *Inventoria.*

(5) Odilon était à Rome en 1014 *(Hist. de l'Ordre de Cluny*, I, 218, Peignot) ;
le 14 février 1025 *(Ibid.*, I, 335); en 1021 *(Ibid.*, 337). Mais on ne connaît pas
tous ses voyages. Il avait installé son neveu Odilon père de Guillaume de Mercœur, sur les terres du prieuré clunisien de Saint-Laurent-d'Oulx, dans l'évêché
de Turin, et ce neveu y mourut. (Cartul. de Saint-Laurent-d'Oulx). Cette ins-

manu domini papæ *locum Sancti Flori* cum omnibus appenditiis
suis gubernandum, possidendumque in perpetuum, tam sibi quam
suis successoribus suscepit. Hoc enim factum est Romæ apud
Sanctam Jerusalem, mense martio, nobis utrisque Amblardis vi-
dentibus, laudantibus et confirmantibus. — Postea domum ipsum
in capitulo Cluniacensi iteravimus. Sed, cum claudicare vellet
Amblardus, ad hoc septuagentos solidos dedi ; et locum patri
Odiloni quietum et liberrimum consignavi.

V

1014 env. à 1031 env.

Chartes de fondation du monastère de Saint-Flour d'après le vieux cartulaire de ce monastère.

INVENTORIA CAPITULI SANCTI FLORI (1)

*Narratio quomodo fuit constructum monasterium Sancti Flori ab Amblardo
de Brezons et Odilone abbati Cluniensi datum, et de bonis quæ plura dederunt eidem monasterio.— Ex cartulario Sancti Flori communicavit nobis (3)
dominus Sauret, senatus Sancti Flori advocatus (4).*

In nomine domini nostri Jesu Christi Amblardus de *Brezons* (5)
consideravit cum uxore sua quid melius posset facere ad opus Domini, dicens sic : — Conjux, nos habemus pecunias et honores, et
infantes de nostris corporibus, et de nostris animabus non
consideramus quomodo *reddamus Deo, nos enim multis modis* (6)
acquisivimus honorem ; faciamus quoddam locum in honorem
Domini. Cui illa respondit : — Quem locum ? — Quoddam monasterium in nostro nomine et honore Domini faciamus, quo

tallation aurait eu lieu en 1024, d'après Peignot (*Ibid.*, 341 et suiv.). — V. aussi
Chronicon Novalicense. Duchesne, *Script. hist. Franc.*, III, 640).

(1) V. *Inventoria*.

(2) Rédigé et terminé vers 1131 par un moine inconnu de Saint-Flour. Ce
qui concerne la fondation est le résumé de plus de quarante chartes disparues.

(3, Les rédacteurs de la *Gallia christiana*.

(4) « Jacques de Sauret, avocat à Saint-Flour », est ainsi mentionné dans les
registres-minutes de d'Hozier en 1698 (*Armorial général de France*, p. 503,
n° 180 de la généralité de Riom) : « d'argent à un bonnet de sable. »

(5) *Amblardus de Bresoncio* souscrit sous Hugue de Sémur, successeur de
saint Odilon de Mercœur dans l'abbaye de Cluny en 1049, un traité conclu par
Amblard Comtour (*Amblardus Comptor*) et son frère Astorg avec le prieuré de
Sauxillanges. (Ch. 654, Cart. Sauxill.)

(6) Allusion discrète du moine analyste de la charte aux usurpations commises
par les Brezons sur l'église de Saint-Flour.

loco nutrientur filii (1) Dei. His dictis consideraveru**nt** ubi melius facere possent. — Villa *Santi-Flori* est nostræ villi-cationis (2), et est nostrum feudum, IN QUA JACET UNUS EX DISCIPULIS, QUI FUIT AD CŒNAM CUM DOMINO; pro qua re debemus ibi ædificare monasterium. His rebus sic actis, Amblardus de *Brezons* vocavit Amblardum Comptorem, et dixit ei : — Nos habemus magnum honorem in hoc mundo plus quam plures alii homines, et ideo debemus meditari quoddam locum, in quo fiat Dei servitium. Villa quæ vocatur *Indiciacus* est vestrum allodium (3); propter quod *debetis* dare ad servitium Domini et Sancti Petri de Roma et *Sancti Flori*, *et est magna injuria quod honores qui in hoc mundo debentur sanctis, nos auferamus* (4) *ab eis.* » De quo respondit Comptor : — « Amblarde, nolo ut ulterius istud loquaris. » Interea, dum hæc agerentur, Comptor et uxor sua acceperunt consilium quomodo Guillelmum Brunetum possint com-prehendere (5). Quæ res (6), postquam fuit comperta, perexit ad Amblardum de Brezons. Quem, cum vidisset, interrogavit qua de causa venisset. Et ille respondit : — « Hac de causa ut consilium des mihi (7). » Qui ait : « Istud quod petis a me, consilium dabit tibi Episcopus. Ad quem ivit. Quem, cum vidisset, interrogavit quid quæreret. Et mox, flectens genua, quæsivit misericordiam. » Et ille : « De qua re? » Et ille respondit : — « Istud volui facere (8). » — Quo audito, Episcopus interrogavit clericos suos quod dabant [*corr.* darent] consilium. Qui responderunt : « Nos laudamus ut mittas ad Apostolicum. » Jussione ejus ivit. Et statuit ut nemo non

(1) *Var.* famuli.

(2) « Villicationem scilicet dominationem. » (Charte 485 du cartulaire de Con-ques en 1107.)

(3) Par opposition à *feudum* dont se sert Amblard de Brezons un peu plus haut pour qualifier la nature de sa possession féodale. Le Comtour possède Indiciac en alleu ne relevant de personne. Amblard de Brezons le tient de lui en fief.

(4) L'expression est l'aveu d'une spoliation antérieure.

(5) Le rédacteur n'ose pas parler nettement de l'assassinat de Guillaume Brunet; il se contente de le donner à entendre. Ces Comtours de Nonette et les seigneurs de Brezons étaient tout-puissants dans le pays au moment où il ana-lysait les chartes du couvent. « *Brunus* le Brun, diminutif Brunet, était le so-briquet d'une branche collatérale du Comtour de Nonette. La donation de l'é-glise Saint-Etienne-de-Riom, près Apchon, par Armand de Nonette à saint Odilon, se termine ainsi : « donationem laudavit ipse *et Bruno et ceteri milites Nonentensis castri.* » (Cart. de Sauxill., ch. 618.) Voir aussi pour *Willelmus Brun* et autres Brun : chartes 702, 771, 807, même cartulaire, et les chartes de fondation de Médagues. Guillaume dit le Brun était le cohéritier du Comtour, qui le fit tuer *ut excluderet eum de castro Nonede.* (Voir plus haut.)

(6) Même prudente réticence.

(7) Toujours le même embarras de la part du rédacteur: des sous-entendus.

(8) Même observation.

audiret missam in suo honore donec veniret (1). Huic itineri fuit
Amblardus de Brezons.

Qui venerunt in prima septimana XL^{mæ} (2), ante Apostolicum, cui
dixit peccatum. Quod cum audisset, dixit : « Consentio dare, cum
Dei adjutorio, pœnitentiam si dimiseris totum feudum Deo, et
tuum allodium Santo Petro. » Ab Apostolico his rebus ita actis,
constituerunt inter se quod facerent monasterium in *monte Plane-*
tico vocato Indiciaco ; moxque, repletus magno gaudio, præcepit
[Apostolicus quod] facerent ecclesiam Sancti Salvatoris (3) et *Sancti*
Flori, cum hoc præcepto [quod] omne suum feudum et allodium
darre [*corr.* darent] Deo et Sancto Petro et Sancto Paulo, et ca-
pellas castrorum. Et illud quod retinuerat accepit frater S. Odilo...
per manum Apostolici.

Cum his donis, dedit ecclesiæ Sancti Hipolyti (4), post mortem
Arnulfi V solidos ut qui teneret *ecclesiam Sancti Flori* eos mitteret Romæ cum alio censu (5). Hoc dono ita facto, Amblardus
dedit omne illud recti [juris] quod habebat, necnon et ecclesias; et
si quid haberet ex illo, prohihuit quod non posset dare alicui loco,
nec filii ejus nec filiæ, nec ulla parentela (6). Quod domum etiam
Comtor concessit similiter hoc donum facerent uxor Amblardi de
Brezons (7) et Fulco de Batpalmes (8) et plures alii.

2. Dum hæc agerentur, perexerunt ad Sanctum Michaelem (9) et,

(1) Ce qui suppose une excommunication préalable du Comtour. Le rédacteur
attribue au pieux repentir du coupable ce qui était l'effet des peines canoniques
prononcées sans doute par l'évêque.

(2) Quadragesima.

(3) Il est probable que c'était avec Saint-Pierre une des dédicaces du premier
monastère.

(4) Saint-Hippolyte-d'Apchon, canton de Riom-ès-Montagnes, arrondissement
de Mauriac. Preuve qu'Apchon était une des terres des Comtours de Nonette.
C'est confirmé par le cartulaire d'Obazine.

(5) Cette redevance minime n'était qu'un *signe de sujétion directe* au pape.
Le Comtour la désirait d'autant plus qu'elle était plus éloignée.

(6) Comp. charte 441 du Cart. de Sauxill. Clause analogue jurée par Amblard et son oncle Astorg de Brezons, père d'Amblard.

(7) L'intervention de la femme d'Amblard de Brezons implique qu'elle avait,
de son chef, un droit sur Indiciac. Elle devait être de la famille du Comtour.

(8) La charte est encore ici confirmée par le cartulaire de Sauxillanges. La
donation que fit Armand, frère ou fils d'Amblard, Comtour de Nonette, au même
Odilon, abbé de Cluny, de l'église Saint-Etienne-de-Riom (arr. de Mauriac), est
souscrite par Faucon, qui se dit fils d'Armand de Bapaume. *Sig. Fulchonis filii*
Artmanni de Batpalmas (ch. 618). *Bertrannus de Batpalmas* souscrit avec
Amblard de Brezons la donation de Vallette, près Riom des Montagnes, à
Sauxillanges, vers 1095 (ch. 654). Bapaume, arrondissement d'Arras (Pas-de-
Calais) ? ou un Bapaume plus rapproché et détruit.

(9) Saint-Michel-de-l'Ecluse, en Piémont, abbaye bénédictine fondée en 985
par un grand seigneur d'Auvergne, le plus proche voisin du Comtour de No-

facta oratione, remeaverunt ad Apostolicum; et, accepto consilio,
dedit abbati Odiloni et loco Cluniacensi. Cum quo revertentes,
dixerunt inter se quod recitarent istud donum in Cluniacense
capitulo. Quod donum Comtor renuit facere. Amblardus, commotus
intra [*corr.* in ira] causa istius rei, dixit quod non auferret Deo
illud quod sibi prius dederat. « Propter quod, inquit, si vis facere,
dabo tibi pretium anteaquam aufferas Deo ». Et placitaverunt per
[*corr.* pro] ducentis solidis Podiensibus et Rutenensibus (1).

Postea Amblardus de Brezons coegit abbatem Odilonem ut veniret ad *Sanctum Florum ;* cui dederunt istud donum Amblardus
et Comtor. Cujus cessionis fuerunt testes Annœus [*corr.* Aimonus]
de Brossadolz (2), Albuinus de Brossadolz et plures alii. Qui dixere
quod si quis aliquis ex parentibus nostris quæreret aliquam con-
venientiam præter preces et orationes, esset particeps inferni cum
Dathan et Abiron. Hoc donum fecit Eustorgius filius suus (3) et
Stephanus et Adalardus.

Amblardus Comtor et Amblardus de Brezons venerunt in villa
et dixerunt Aldebardo [*corr.* Aldeberto] (4) ut quæreret panem et

nette, Hugue ou Hugue-Maurice, *princeps*, seigneur d'Usson, Montbois-
sier, etc., etc., dit de Palliers, du nom d'un château près Usson; le Roitelet
(*Regulus*), à cause de sa puissance; et le Décousu (*Descosun*) à raison de ses
prodigalités (*Chron. B. Iterii monachi armarii monast. S. Marcialis.* Dupleix-
Agier, p. 144. — *Epitome historica insignis abbatiæ S. Michaelis Clusiarum.*
Arch. dép. du Puy-de-Dôme. Fonds Montboissier, liasse 7, et Cartul. de
Sauxill.) Hugue donna à ce monastère italien ses églises et fiefs de Cunlhat,
Sauviat, etc. Cette abbaye de fondation alors toute récente jouissait, au début
surtout, d'un très grand prestige à cause d'une apparition de saint Michel, archange, sur la montagne où elle fut construite. *Quamobrem*, dit le titre de fondation, qui est lui aussi un récit analytique, un épitome, *immensas nec non
maximas a Deo gratias quisque obtinebat.* Le cartulaire de Sauxillanges renferme plusieurs chartes de Hugue d'Usson ou de Palliers, qu'il ne faut pas confondre avec son petit-fils, Hugue, surnommé aussi le Décousu. Ce pèlerinage à
Saint-Michel est à rapprocher du culte de saint Michel si en honneur à Saint-
Flour au commencement du xiᵉ siècle, que les deux prieurés les plus proches lui
étaient dédiés : Saint-Michel, près Saint-Flour (aujourd'hui le Calvaire), et
Saint-Michel-de-Brossadol, à 5 kilomètres. Enfin une statue de saint Michel était à
cette époque placée sur la porte Muret.

(1) Amblard le Mal Hiverné possédait aussi de grands biens en Rouergue où
il avait entr'autres la partie d'Espalion appelée *Persa*, s'il doit être, comme il
semble, identifié avec « l'illustrissime Amblard » de 1010. (*Miracula S. Fidei*,
Bolland., et Cartul. de Conques.) Aimon, *Emo de Brossada*, est aussi nommé
dans les *Miracula S. Fidei* vers 1010-1015.

(2) Château détruit aujourd'hui. Broussade, dans la commune de Saint-Georges,
à 6 kil. de Saint-Flour. Le *castrum de Brossada al. de Brossadol* est mentionné
dans les *Miracula S. Roberti* : saint Robert de Turlande (et non d'Aurillac),
fondateur de la Chaise-Dieu, y venait souvent. Il y fit un miracle.

(3) Astorg II de Brezons, après la mort de son père Amblard Iᵉʳ.

(4) *Ardelardo* ou *Ardebardo*.

vinum et quoddam vas plenum aquæ. Qui cum attulisset, congregaverunt se sub quodam fraxino et manducaverunt panem et biberunt aquam (1). Et hoc receptum fuit extremum; quod ultra non acceperunt. Et si quis nostræ generationis destruere voluit donum istud, ex parte Dei omnipotentis Patris et Filii et Spiritus Sancti sit anathematisatus et a Deo separatus et in infernum cum Dathan et Juda qui tradidit Dominum et Abiron sit damnatus in sæcula sæculorum (2).

In tempore illo, cum Robertus Rex (3) venit ad Sanctum Antonium [ou Sanctum Antoninum] (4) causa orationis, adventum ejus fuit [notum] (5). Eustorgius de Brezons et Stephanus (6) venerunt ante illum; cui indicaverunt pro qua causa venissent. Quibus rex dedit illis omne illud quod petierunt (7); et illi, repleti magna alacritate, portaverunt sigillum (8) ad abbatem Odilonem quod acceperant a Rege. His rebus ita recitatis, abbas, repletus magno gaudio, dixit Stephano præposito (9) quod hæc verba dicturus Apostolico. Qui cum venisset Romam [abbas Odilo] et recitasset hæc verba [Apostolicus], concessit supradictum donum; et omnes illos qui adjuvabant ædificare hunc locum absolvo [corr. absolvere]

(1) Pour manifester à tous qu'ils se considéraient désormais comme des étrangers. Mise en scène de la délivrance, formalités de la mise en possession.

(2) Cette dernière phrase a été manifestement copiée sur la formule finale de l'acte lui-même que l'analyste devait avoir sous les yeux.

(3) Robert II (996-1031).

(4) Saint-Antoine de Viennois, pèlerinage très réputé, ou Saint-Antonin en Rouergue; peu vraisemblablement le premier, qui était encore en grand honneur à Saint-Flour au xive siècle. Dans son testament de 1199, la femme du premier Dauphin d'Auvergne raconte qu'elle avait mis 40 sous de côté pour faire le pèlerinage de Saint-Antoine, mais qu'elle les a dépensés; et elle enjoint à ses héritiers d'y envoyer un pèlerin aux frais de sa succession. (Bal. Hist. d'Auv., II, 257.)

(5) D'autant plus facilement que le comte d'Auvergne, Robert Ier, était, en 1010, le propre beau-frère de Robert II, roi de France, le comte ayant épousé Ermengarde, fille de Guillaume Ier, comte d'Arles ou de Provence, et le roi, Constance, sœur d'Ermengarde (Baluze, Hist. gén. de la Mais. d'Auv., I, 39-40). Le Comtour Amblard était le principal ou l'un des principaux personnages de la cour du comte. Ses descendants souscrivent les chartes des xie et xiie siècles immédiatement après le comte de la province.

(6) Etienne de Brezons, qui se fit d'église vers ce temps, était veuf et père; il fut prévôt de Brezons et prieur de Saint-Flour.

(7 et 8) C'est-à-dire le diplôme de ratification de la donation, scellé du sceau royal; les vassaux ne pouvaient aliéner leurs fiefs sans l'assentiment du roi. M. Luchaire n'a pas connu cet acte qu'il aurait certainement indiqué dans sa récente étude sur les premiers Capétiens.

(9) Etienne de Brezons, fait alors prévôt. La phrase est amphibologique. Ce fut Odilon qui se rendit à Rome, pour la seconde fois depuis le commencement des négociations avec les deux seigneurs.

corpóra sua et animas suas ex parte Patris et Filii et Spiritus Sancti (1).

Et, cum agerentur, revertens a Roma venit [Odilo] ad *Sanctum Florum* et jussit præpositum et Eustorgium venire ante se; qui jusserunt (2) venire principes illius terræ. Ex quibus [fuerunt] Anno [*corr.* Aimo] de Brossaldolz et Bertrandus filius suus, et Albuinus et omnes milites de Brossadolz, et Stephanus de Corbeira (3), et Seguinus et omnes homines de Cuciaco (4), et homines de Granson (5) et Stephanus filius Guigonis de Salhens (6) ; et Robbertus de Castro Vetulo (7) et filii ejus, dederunt omnes isti supradicti abbati Odiloni. Et omnes homines de Murat (8) ; et illi de Marmonsi [*corr.* Mirmonte] (9) ; et de Castro Novo (10) ; et illi de Sancto Ursisio (11) ; et illi de Turlanda (12). Omnes isti dederunt ibi feudum suum et omne illud quod alii homines tenebant de illis.

Eodem tempore venit abbas Odilo ad Clarum montem (13) et

---

(1) Nouvel exemple de formule textuellement copiée par l'analyste.

(2) Ici encore apparaît le formalisme féodal. C'est aux deux frères de Brezons, fils et héritiers d'Amblard 1er, et petit-fils d'Astorg, à convoquer les principaux vassaux de leur terre d'Indiciac, tant qu'ils n'ont pas complété la donation à leur égard en leur faisant connaître officiellement le donataire. Après ce plaid, ce sera Odilon ou le prieur qui ordonneront aux vassaux.

(3) Corbières, château fort, commune de Chaliers, canton de Ruines, arrondissement de Saint-Flour. Les seigneurs de Corbières l'étaient en partie de Chaliers. *Stephanus de Corbeira* reçu moine à Pébrac vers 1050-1080. (Cartul. de Pébrac, ch. 9.)

(4) Cussac, chef-lieu comm., canton sud de Saint-Flour.

(5) Lieu et chapelle détruits de la paroisse de Faverolles, canton de Ruines (*Dict. hist. du Cantal*, III, 294), et non pas Granson, en Suisse, comme l'a dit Peignot (*Hist. de la Ville de Cluny*.) On disait dans le pays : Gransoux.

(6) Le Saillant, canton nord de Saint-Flour.

(7) Chateauvieux, château détruit, pris par les Anglais en 1383 (*Reg. consul. de Saint-Flour, 1385*). Aujourd'hui terroir de *Castel-Viel*, commune de Maurines, canton de Chaudesaigues; quelques débris.

(8) Murat, chef-lieu d'arrondissement (Cantal). Les seigneurs de Murat étaient, en effet, les vassaux du prieuré de Saint-Flour pour terres à Ussel et dans les cantons de Saint-Flour et Pierrefort. (Cartul. de l'Evêché de Saint-Flour, xiiie siècle.)

(9) Miermont, anciennement *Miromons*, *Mirmunt*, château détruit de la commune d'Espinasse, canton de Chaudesaigues. Pris par les Anglo-Gascons en 1383. (*Reg. consul. de S.-Flour, 1383.* — Arch. S.-Flour, ch. IV, art. 6.) — Occupé par les Tuchins vers 1390 (Voir mon étude sur *la Jacquerie des Tuchins*, p. 110 ; voir aussi Cartul. de Conques, ch. 553 et 554.)

(10) Châteauneuf-de-Malet, commune de Lavastrie, canton sud de Saint-Flour.

(11) Saint-Urcize, canton de Chaudesaigues.

(12) Turlande, château en ruines, commune de Paulhenc, canton de Pierrefort, arrondissement de Saint-Flour, au bord de la Truyère, sur les confins du Carladès rouergat et du Rouergue.

(13) Clermont-Ferrand.

exivit recto [*corr.* exhibuit rectum] ante *Ranconem* (1) Episcopum, de *monasterio Sancti Flori.* Cui et abbas : — « Domine, date nobis illud quod habetis in supradicto loco ». Et Episcopus : « Accipiam consilium cum clericis ». Quo accepto, dixerunt ut dedisset [*corr.* dederet] illi sicut petiverat [*corr.* petierat] ; et dedit (2). Et sunt testes Stephanus de Sancto Firmino et Stephanus præpositus ; et omnia quæ acquirere posset in honore Sanctæ Mariæ dedit ei.

4. Amblardus de Brezons filius præpositi (3) et Gatberga donavit Deo et Sancto Petro Cluniacensi necnon et *beati Flori* [*corr.* beato Floro], ecclesiam de Brezons et [*corr.* cum] appendiciis suis.

5. [Ecclesiæ] Sancti Martini [et] de Oratorio (4) — Andreas Jorquetz et fratres sui et nepotes cederunt et donaverunt Deo et Sancto Petro et *Sancto Floro et ad locum ipsius,* jure hereditatorio, ecclesiam Sancti Martini quæ dicitur ad Calidas Aquas (5), Sancti Stephani de Oratorio et ecclesiam quæ vulgo dicitur Bozac (6), ecclesiam beate Marie de Roueret (7), et capellam de castro quod dicitur Batpalmes (8).

(1) Rencon de Monclar (en Rouergue), *Renco de Monteclaro, episcopus Claromonti* (*Nécrologe du chap. cath. de Clermont)* et non pas « fils du comte de Rodez », comme le dit l'auteur des *Monumenta pontificia Arverniæ* (p. 36). Oncle maternel de saint Robert de Turlande, fondateur de la Chaise-Dieu; fait évêque d'Auvergne vers 1028, au sentiment de Gonod (*Chronol. des év. de Clermont)*; et mort vers 1052 (V. ch. 571, 478, 578 Cartul. Sauxill., etc.); il vivait certainement encore en 1046.

(2) Confirmé au xiii⁰ siècle par une lettre de Guy de la Tour, évêque de Clermont, attestant qu'il n'a rien dans Saint-Flour, et que nous publierons avec le cartulaire.

(3) Amblard II, fils d'Etienne, prévôt de Brezons.

(4) Oradour, chef-lieu comm., canton de Pierrefort, arrondissement de Saint-Flour.

(5) Chaudesaigues, chef-lieu, canton et arrondissement de Saint-Flour.

(6) Bausac, anciennement Bousac, commune de Pierrefort.

(7) Roueyre, anc. Sainte-Marie de *Roueyre, Reyre* ou *Roueret,* section de la commune d'Oradour, paroisse d'Oradour.

(8) Bapaume, château, chef-lieu, canton et arrondissement d'Arras (Pas-de-Calais), près d'Arouaise, entre Arras et Amiens? A rapprocher du culte d'un saint Florus, honoré dans l'évêché d'Amiens, dans l'église de Saint-Wulfrand, et encore à Machy, canton et arrondissement d'Abbeville, évêché d'Amiens. Quelque alliance avait-elle uni la famille des Comtours Amblard et Armand de Nonette avec les seigneurs de Bapaume? (Conf. ch. 618 et 654 du Cartul. de Sauxill.) A rapprocher aussi de l'origine Pierre l'Ermite, né vraisemblablement à Acheul, près de Bapaume, dans l'évêché d'Amiens, et dont le père, d'après une certaine tradition, se nommait Renaud et avait l'Auvergne pour pays d'origine. — Voir, notamment : *la Vie du vénérable Pierre l'Ermite,* pp. 1 et 2, d'Outreman, et *le Page disgracié,* pp. 334-336, par Tristan l'Ermite, Paris, 1662. — Voir encore les chartes 279, 903, 650, 656 du cartulaire de Sauxillanges, qui signalent dans la famille de la Roche (la Roche-Donezat, canton de Veyre-Monton), et du vivant de Pierre l'Hermite, un Pierre, fils de Renaud; un Pierre qui se rendit à Jérusalem avant la croisade; un Pierre, moine à Chaylade, sur la terre

Gordeia (1) — Ladiarda, uxor Armandi comitoris (2) cum filiis suis Amblardo et Eutorgio (3), donavit *in hoc loco quod vocatur Indiciaco, quod est consecratum in honore sancti Petri* (4) *sanctique Flori* aliorumque sanctorum, *quorum ibidem reliquiæ continentur* ecclesiam et villam de Gordeia cum hortis et pontis [*corr.* pratis] et parranis [*corr.* pertinenciis], cum omni honore.

Suit l'analyse d'une quantité d'autres donations « Deo, Sancto Petro et Sancto Floro », *que nous reproduirons en éditant le cartulaire de Saint-Flour, entre autres la suivante :*

Petrus Brun *veniens ad concionem in loco Sancti Flori* obtulit se ipsum pro redemptione animæ suæ, et unum mansum in Auzola.

VI

Migration de la charte de fondation du monastère de Saint-Flour par les deux Amblard, et mention du vieux cartulaire.

La charte de fondation du monastère était encore dans les archives épiscopales de Saint-Flour à la fin du xviiᵉ siècle. Les Bénédictins en avaient eu connaissance et la tenaient pour authentique. Dom Etiennot, visiteur général de l'ordre de Cluny, l'a inspectée dans ses tournées, Mabillon, Ruinart, Baluze y ont puisé tour à tour, pour ne citer que des critiques célèbres. Elle figure dans l'inventaire des papiers de l'évêque Jérôme de La Mothe-Houdancourt, mort en 1693.

Son successeur, Joachim d'Estaing, la conserva soigneusement. Son refus de la communiquer aux membres de son chapitre, dans un procès pendant entre eux et lui, fut même un des griefs articulés par les chanoines contre leur évêque dans un mémoire qu'ils firent imprimer en 1693. On y lit notamment ceci :

des Comtours de Nonette, qui eut des rapports avec les Comtours, et signe une charte *Homo Dei*. Je ne tirerai pourtant aucune conclusion positive de ces circonstances sur une question étrangère, du reste, au sujet.

(1) Gourdièges, chef-lieu comm., canton de Pierrefort, arrondissement de Saint-Flour.

(2) Cette forme est la vraie, la plus ancienne et la plus répandue aux xiᵉ et xiiiᵉ siècles. La variante *comptor* est une déviation due à la synonymie et à des scribes inexpérimentés. (V. pour ces Comtours de Nonette : Arch. dép. P.-de-D., chap. cath., arm. XIII, sac A. Chartes 656, 651, 660, Cartul. de Sauxill. — Cartul. d'Obazine, de Conques, etc).

(3) Voir mêmes chartes du Cartul. de Sauxillanges.

(4) C'est à saint Pierre que les disciples de Florus avaient dédié l'église bâtie par eux à Indiciac au iᵉʳ siècle, d'après Bernard Gui.

« La fondation du prieuré de Saint-Flour et les bulles qui la concernent sont entre les mains de Monsieur l'Evesque de Saint-Flour qui jusques à présent a refusé de les représenter. » *Nota :* On rapporte l'extrait de l'Inventaire des papiers de feu Monsieur l'Evêque de Saint-Flour, coté 79, fait par les officiers du bailliage, dont voici les termes : « Plus un autre sac de bulles, *prises de possession, Fondation du prieuré de Saint-Flour,* assence du revenu de l'Evesché et actes de procédure, dans lequel sac sont 33 pièces cottées par 79, aussi bien que le sac. — Monsieur l'Evesque de Saint-Flour a reconnu en l'audiance qu'il estoit chargé de ces pièces » (1).

Indépendamment des Bénédictins qui en ont pris connaissance sur place, il est certain qu'à plusieurs reprises des copies en furent levées au xviiᵉ siècle. Jacques de Montrouge, évêque de Saint-Flour de 1647 à 1663, en délivra une expédition authentique, notariée et dûment collationnée. Il certifia exacte la copie de l'*Inventoria capituli Sancti Flori.* La copie non signée de cette expédition authentique est la seule pièce que possède aujourd'hui l'Evêché ; elle est absolument conforme à l'expédition elle-même, je m'en suis assuré en la comparant avec le manuscrit de la Bibliothèque nationale (manuscrits latins, nᵒ 12756, dont le gîte m'a été indiqué par M. Alexandre Bruel). Il est probable que l'expédition autorisée par Jacques de Montrouge était destinée aux premiers rédacteurs de la *Gallia* ou du *Gallia,* comme on voudra, l'un et l'autre se disent.

En 1711, lorsque Dom Jacques Boyer vint à Saint-Flour pour relever sur place les documents d'archives, mission dont il était chargé par Denys de Sainte-Marthe, continuateur de la *Gallia,* et par Dom René Massuet, qui a édité le 5ᵉ volume des *Annales bénédictines,* en 1713, après la mort de Mabillon qui avait publié les quatre premiers volumes, il adressa de Saint-Flour au premier, un catalogue des pièces qu'il avait trouvées, et un relevé de ces pièces à Dom Massuet. La note qu'il prit de ces envois sur son journal de voyage est ainsi conçue :

Catalogus earum que transmisi ad R. P. D. Dionysium de Sainte-Marthe pro nova editione Gallie Christianæ....

Elenchus CHARTARUM *ad R. P. D. Renatum Massuet* TRANSMISSARUM *pro Annalibus Benedictinis....* CARTA FUNDATIONIS MONAS-

(1) *Mémoire pour les Archidiacres, chanoines et chapitre cathédrale de Saint Flour, Appelants comme d'Abus, Intimes, demandeurs et deffendeurs.* (Communication de M. l'abbé Chabau, chanoine de Saint-Flour, à qui la pièce avait été communiquée par M. Jean Delmas, d'Aurillac).

TERII S.-FLORI, NECNON EXCERPTA QUÆDAM EX CARTULARIO DICTI MONASTERII (1).

L'original serait donc parti alors pour Paris, en communication sans doute. En est-il revenu? Je n'en trouve plus de traces à Saint-Flour après cette date. Il résulte aussi de la note de Dom Boyer que le vieux cartulaire du monastère existait encore. Etait-ce une collection des actes de fondation, de délivrance, des bulles et diplômes de confirmation, des actes de première dotation dont l'*Inventoria* et l'*Epitome* ne sont que des résumés, ainsi que le nom l'indique? On est d'autant plus porté à le croire que le second cartulaire ne contient rien, en fait d'actes de fondation et de dotation originaires. La donation la plus ancienne qu'il renferme est de la fin du XIIe siècle, presque toutes les autres sont du XIIIe ; il s'arrête vers 1314, peu avant l'érection du monastère en siège d'évêché (1317), et il est intitulé : *Chartulaire de l'Evesché de Saint-Flour.*

VII

Le culte de saint Florus en plein fonctionnement hors de la Haute-Auvergne en 1035. — Donum ecclesiæ Sancti Flori ab abbate Arberto factum.

In anno vero IVto regni domini Henrici, Willelmo presidente abbate et domino Dalmatio existente decano, Arbertus abbas, obtans misericordiam Jhesu Christi et eternam retributionem illius, donavit Deo et Sancto Theotfredo *ecclesiam in honore Sancti Florii dedicatam* (2). cum omnibus attinentiis suis spiritualibus et temporalibus, et dedit in eadem villa I mansum et I appendariam, cum cunctis adjacentiis suis. Hujus rei testes sunt Abo, Durantus, Rostangnus, Geraldus, Bertrandus. Census ecclesie est (3).

Note. — Cette église qu'Augustin Chassaing plaçait, avec raison à notre avis, à Saint-Flour, commune de Sauvessanges, canton de Viverols, arron-

---

(1) *Journal de voyage de Dom Jacques Boyer,* édité avec un grand soin par MM. Antoine Vernière, avocat à Brioude, et François Boyer, de Volvic, au XXVIe volume des *Mém. de l'Acad. de Clermont,* pp. 181-182 et 189. C'est précisément dans les fonds des bénédictins que se trouve la copie de l'*Inventoria.*

(2) *Sancti Flori* à la charte 131 du même cartulaire de Chamalières-sur-Loire.

(3) Cartul. de Chamalières-sur-Loire en Velay, ch. 259. Edité par M. Jacotin, archiv. de la Haute-Loire, sur les notes de notre regretté ami et collègue, M. Augustin Chassaing, juge au Puy.

dissement d'Ambert (1), que M. Jacotin se borne à mettre en Auvergne (2), et qui n'est certainement pas Saint-Flour (Cantal) ni, pensons-nous, Saint-Floret, est encore nommée entre 1060 et 1108 sous le roi Philippe, dans la donation d'une terre sise à Bordel, commune de Médeyrolles, même canton et même arrondissement d'Ambert, que lui fit Etienne Beaumont, fils d'Abbon (3). Au XIIe siècle, la garde et la défense en étaient confiées, par le monastère, aux seigneurs de Montravel. A la fin du siècle (1170-1200 env.), les frères Dalmas, Eustache et Pons de Montravel, co-seigneurs de Montravel (arrondissement d'Ambert), qui jouissaient de ce droit de garde, bien payé par l'abandon d'une portion des redevances *in villa Sancti-Flori*, en abusèrent et pressurèrent les habitants de telles exactions que *ipsa villa erat desolata et ad nihilum pene reducta*. La population quitta le village ruiné. Un traité intervint alors entre le couvent et les tyranneaux. Le prieur leur racheta le droit de garde en prenant à sa charge le paiement de 1200 sous pour lesquels ils l'avaient engagé à Hugue Artaud leur créancier, et en recevant gratuitement moine à Chamalières, leur frère Hugue. Il fut convenu que si le village s'augmentait jusqu'à quatorze feux, *si ad quatuordecim focos chabals* (sic) *successerit*, les Montravel y percevraient une émine d'avoine, douze deniers et une poule sur chaque feu; et rien sur les feux au delà de ce nombre. Pour sûreté de ce traité passé dans le chapitre de Chamalières, les Montravel donnèrent comme fidéjusseurs Guillaume de Baffie, les frères Pons et Pierre de Beaumont, Dalmas d'Usson. Lambert de Rochebaron, Pierre d'Aix, de Saint-Bonnet-le-Chastel, et Bertrand de Chalencon. En cas de violation de serment prêté « sur les quatre évangiles », ils se soumirent à la juridiction et à l'excommunication des trois évêques de Lyon, le Puy et Clermont (Charte 134 du même cartulaire). Cette église et ce village de Saint-Flour ne paraissent pas s'être jamais relevés au point où ils étaient au siècle précédent. Nous donnons ces détails pour qu'ils ne puissent être confondus avec les autres lieux de *Sanctus Florus*.

VIII

1054

Le pape Victor II renouvelle la confirmation de Cluny par Grégoire V dans la possession des divers monastères, y compris celui d'Auvergne.

... UBI REQUIESCIT SANCTUS FLORUS (4).

---

(1) Cartulaire de Chamalières-sur-Loire en Velay, p. 189.
(2) Ib., p. 4.
(3) Ib., Charte 260.
(4) Migne, *Patrol. lat.*, t. CXLIII, col. 804-806.

IX

1059

Bulle d'Etienne X à Hugue, abbé de Cluny, confirmant son ordre dans la possession de l'église de Saint-Flour comme Grégoire V et Victor II (1).

X

1075

Confirmation par le pape Grégoire VII, de l'ordre de Cluny, dans la possession du monastère où repose le corps de saint Florus, naguère donné par Astorg.

Gregorius episcopus, servus servorum Dei (2), dilecto in Christi filio Hugoni, abbati monasterii sanctorum Petri et Pauli (*Ici énumération des possessions de Cluny, situées dans diverses provinces et confirmées par le pape*)... In comitatu Arvernensi... ecclesiam sancti Sulpicii in villa quæ dicitur Langiacus (3); monasterium Celsianense (4) cum cellis, ecclesiis, villis, terris, et cum *monasterio* UBI REQUIESCIT SANCTUS FLORUS *quod tradidit supradicto loco Eustorgius clericus* cum omnibus sibi pertinentiis (5); mansiones in Brivatensi vico; monasterium quod dicitur *Volta* (6) cum suis pertinentiis; Rocam fortem (7) cellam Reillacum (8) cum curte et omnibus ad eam pertinentibus (9).

(1) Migne, *Patrol. lat.*, t. CXLIII, col. 879-84.

(2) Grégoire VII (1073-1086), seul pape de ce nom qui ait tenu le siège pontifical sous l'abbatiat de Hugue à Cluny.

(3) Langeac chef-lieu de canton, arrondissement de Brioude, Haute-Loire, dans l'évêché de Saint-Flour.

(4) Sauxillanges.

(5) Comp. bulle de Grégoire V, de 999, précitée. Il semblerait par ce passage que le monastère de Saint-Flour était soumis à Sauxillanges à cette époque, mais la conjonction *cum* n'est là que pour viser l'adjonction persistante de notre prieuré à la mense de l'abbé de Cluny.

(6) La Voûte-Chillac, chef-lieu de canton, arrondissement de Brioude, évêché de Saint-Flour.

(7) Rochefort, commune de Saint-Poncy, canton de Massiac, arrondissement de Saint-Flour.

(8) Rilhac ou Reilhac, commune de Vergongheon, canton d'Auzon, arrondissement de Brioude, chef-lieu de viguerie au siècle précédent.

(9) Migne, *Patrol. lat.*, t. CXLVII, col. 661-663.

XI

7-13 décembre 1095

Le pape Urbain II à Saint-Flour.

1° **7 décembre.** — *Consécration de la basilique de saint Flour, confesseur ; ses reliques.*

Comitante sacro cardinalium collegio, basilicam e novo exstructam dedicavit B. CONFESSORIS FLORI; ejusdem reliquiæ post altare in loco eminenti repositæ sunt in capsularibus seris clausa (1).

2° **Même jour.** — *Bulle pour Sauxillanges.*

Urbanus... Datum *apud oppidum Sancti Flori*, per manum Joannis sanctæ Romanæ Ecclesiæ diaconi cardinalis, indictione III, VII Idus decembris, anno dominicæ Incarnationis MXCV, pontificatus autem domini Urbani II, papæ VIII (2).

3° **Même jour.** — *Bulle pour Marcigny.*

Urbanus... Datum *apud oppidum Sancti Flori* per manum Johannis S. R. E. diaconi cardinalis, indict. III, anno dominicæ Incarnationis 1095, pontificatus autem domini Urbani II, papæ VIII, VII Idus Decembris (3).

4° **13 décembre.** — *Bulle de confirmation générale pour St-Flour.*

Urbanus papa, sedens, tam ob devotionem BEATI FLORI RELIGIOSISSIMI CONFESSORIS, PATRONI NOSTRI, DISCIPULI JESU CHRISTI CUM BEATISSIMO MARTIALI, qui, propter reverentiam consecrationis suæ, qua nostrum monasterium pro aliis est exemptum (4), ac pro dilectione venerabilis patris Johannis cardinalis episcopi Portuensis in eodem nostro monasterio tumulati, eidem monasterio, cum suis pertinentiis *universis*, privilegium indulserit speciale (5)...

(1) Dom Ruinart (*Vita Urbani*, cap. CCXXII) affirme avoir extrait cela de vieux parchemins, *ex veteribus schedis*. On peut en croire un savant aussi exigeant sur l'authenticité des pièces. Ces parchemins où figuraient sans doute le procès-verbal ou la bulle de consécration, ont disparu des archives épiscopales et municipales de Saint-Flour. Un des mauvais côtés des recherches des Bénédictins a été d'enlever des provinces pour les noyer dans les coffres des grands monastères ou les cabinets des savants du dix-septième siècle, tels que Du Bouchet, une multitude de documents précieux.

(2) Cartul. de Sauxill., ch. 172. — Baluze. *Miscellanea* VI, 376.

(3) *Patrol. lat.*, t. CLI, col. 442.

(4) Exempt d'autres monastères, en ce sens que placé dans la mense, sous la supériorité et l'administration directe de l'abbé de Cluny, il bénéficiait du privilège d'immédialité de cet abbé qui ne relevait que du pape.

(5) Cartulaire de Saint-Flour, fol. 16.

XII

Fin nov. — 13 déc. 1095

Sentences rendues par Urbain II au profit de l'église de Saint-Flour au concile de Clermont et à Saint-Flour

Chronicum seu historia fundationis cœnobii S. Flori ex mss. codice.

CARTA.

Notum sit omnibus veritatem nosce (re) cupientibus quod quidam homo de illis qui dixerunt possideamus sanctuarium Dei nomine, Bernardus Geraldi simul que filii ejus Arnaldus clericus, Bernardus Stephanus, Geraldus, Guillelmus, Petrus (1), ecclesiam Sancti Martini de Calidis Aquis de qua *monachi Sancti Flori diu ante concilium Claromontense investiti fuerant*, ex paterna successione requirentes predictis monachis eripere conabantur. Quam ob causam domnus *Stephanus, tunc Sancti Flori prior*, compulsus est *ante domnum Urbanum papam in Claromontensi consilio* de predicto Bernardo Geraldi et filiis ejus querimoniam facere quos domnus Urbanus papa, hac de causa, in ipso consilio (*sic*) excommunicavit donec predictam ecclesiam monachis Sancti Flori liberam et quietam dimitteret. *Postmodum idem Urbanus papa, cum ad Sanctum Florum venisset*, jam dictam ecclesiam predictis monachis perpetuo habendam et possidendam firma possessione donavit et donum illud sui privilegii authoritate firmavit.

Post aliquod tempus cum dominus Petrus Arvernensis episcopus ad favendos [*al.* faciendos] ordines Aureliacum devenisset, Arnaldus filius jamdicti Geraldi ordinem presbyteratus ab eodem episcopo accipere voluit, sed domno Stephano priore Sancti Flori super eo proclamante idem episcopus eum refusavit et donec a calumpnia supradicta ecclesia cessaret, eidem clerico sacros ordines interdixit penitus. Clericus autem in sua pertinacia perseverans, cum de parrochia Arvernensis esset ad episcopum Rutenensem migravit, et ab eo quamvis contra instituta canonum ordinem presbyteratus accepit. Procedenti tempore, etc. (*V. la suite au n° XIV, p. 140*).

---

(1) Seigneurs d'Oradour, dits Jurquet, paraissant issus de Bernard le Mal Hiverné (*Bernardus Malivernatus*, fils d'Amblard, et non fils du comte de Toulouse comme l'a cru Audigier). V. Cartulaire de Conques.

XIII

10 oct. 1109.

Pascal II maintient le prieuré de Saint-Flour dans la dépendance directe et perpétuelle de l'abbé de Cluny

Pascalis episcopus, servus servorum Dei, dilecto Pontio monasterii Cluniacensis abbati (1), ejusdem successoribus regulariter substituendis in perpetuum. Et Religio Cluniacensis... et prædecessoris tui sanctæ memoriæ Hugonis abbatis... cogunt nos, fili in Christo carissime, Ponti abbas, tuis petitionibus indulgere. Ea propter, abbatias vel prioratus, qui sub prænotati abbatis Hugonis dispositione manserunt, *sub tua quoque vel successorum tuorum dispositione permanere* (2) decernimus. Id est... abbatiam Mauziaci (3)... Voltam... *Sanctum Florum*... Datum apud Castellum per manum Johannis S. R. E. diaconi cardinalis ac bibliothecarii XVII kalendas novembris indictione II, Incarnacionis Dominicæ anno MCIX, Pontificatus autem Domini Paschalis secundi XI (4).

XIV

2 juin 1119 (5)

Le pape Calixte II à Saint-Flour

1° *Bulle de privilèges de l'abbaye d'Aurillac.*

(1) Pons de Melgueil, filleul de Pascal II, élu en mai 1109, en remplacement de Hugue de Sémur.

(2) Odilon de Mercœur avait gardé dans sa mense abbatiale et sous son administration personnelle le prieuré de Saint-Flour; de même son successeur Hugue. La bulle de Pascal II ayant édicté qu'il en serait toujours ainsi pour les futurs abbés de Cluny, la commune de Saint-Flour en profita pour se soustraire au seigneurat de son prieur. Elle ne rendait hommage et ne présentait les clefs de la ville qu'à l'abbé de Cluny, dont l'éloignement favorisa l'extension de ses libertés. Ce privilège d'immédiatité était un de ceux qui lui tenait le plus à cœur avant 1317, date de l'érection de l'évêché. L'abbé de Cluny céda alors ses droits seigneuriaux à l'évêque.

(3) Mozat, près Riom (Puy-de-Dôme).

(4) *Bullarium Romanum*, II, 140-141. — *Monum. pontif. Arv.*, pp. 132-133. — Cette bulle fut confirmée, en tant que renouvellement de donation de fiefs, par Louis le Gros en 1119, d'après de Ribier. (*Dictionn. statist. du Cantal*, verbo *Saint-Flour.*) — Il existe une autre bulle de Pascal II, en bel original, aux archives de l'Evêché, où figure Etienne, prieur de Saint-Flour. Mais comme elle n'est relative qu'à une difficulté pendante entre l'abbaye de Moissac et le prieuré de Bredom, membre de cette abbaye, elle serait ici un hors-d'œuvre.

(5) C'est la date donnée par l'abbé Chaix (*Monum. pontif. Arv.* 158-161). Il semble d'après le libellé qu'il y ait une erreur de plus d'un an. Voir au surplus, Ulysse Robert, *Etude sur les actes de Calixte II*, app. v-vi.

Calixtus episcopus, servus servorum Dei, dilecto filio Gosberto...
Datum *apud S·nctum Florum*... IIII nonas Julii, indictione XII,
dominicæ Incarnationis anno millesimo CXXX [*corr.* CXIX], pontificatus autem domini Calixti secundi pa;æ an»o primo.

2° *Excommunication d'Arnaud d'Oradour.*

[*Ecclesia*] Sancti Martini de Calidis Aquis.

Notum sit omnibus veritatem nosce [re] cupientibus quod quidam homo de illis qui dixerunt « possideamus Sanctuarium Dei »
nomine Bernardus Geraldi, simulque filii ejus Arnaldus clericus,
Bernardus, Stephanus, Geraldus, Guillelmus, Petrus ecclesiam Sancti
Martini de Calidis Aquis, de qua monachi *Sancti Flori dicti ante*
Claromontense concilium investiti fuerunt et paterna successione
requirentes prædictis monachis eripere conabantur, etc. (*V. la suite*
au n° XII, p. 138).

Procedenti tempore, cum *felicis memoriæ papæ Calixti* [*corr.*
papa Calixtus], *ad Sanctum Florum venisset*, dominus Adelelmus (1) ejusdem loci prior, eidem domino papæ de supradicto Arnaldo jam [dicto] pro pseudo presbitero proclamationem
fecit; qui, cum pro injusta calumnia, supra memoratæ Ecclesiæ
in presentia domini Aymerici Arvernensis Episcopi, et aliorum
multorum qui ibi aderant, excommunicavit, et a corpore ecclesiæ
quo usque a jam dicta calumnia resipisceret, penitus seques-
travit. Qua tandem sententia perterritus, ipse Arnaldus pres-
byter simulque fratres ejus constituti ante domnum Adelelmum
venerunt et quidquid in ecclesia Sancti Martini de Calidis Aquis
injuste requirebant presente domno Stephano *archipresbytero Pla-*
netie (2) totum in manu jam dicti prioris reposuerent et dimiserunt.
Si quis vero in ea juris habere potuit, totum Deo et Sancto Floro
dederunt quo facto miseratione motus prior super eundem presbyterum non cum ex toto de ipsa ecclesia destituere voluit, sed partem
illam quam Robertus de Sancto Ursizio et Stephanus filius ejus pro
animabus suis Sancto Floro donarant in vita sua ci commisit tali
tenore ut quandiu viveret partem illam in fidelitate monachorum
Sancti Flori teneret, et si ad sanctum Jacobum (3) sive Romam vel
Jherosolymam ire vellet, eam predictis monachis liberam et quietam
dimitteret. Qui quandiu postea vixit eam tenuit sub dominio monachorum et servitium quod ipsi voluerunt inde tam diu eis exhibuit

---

(1) Alias *Anselmus. Adelelmus* est à maintenir.

(2) Archiprêtré de Planèze ou de Saint-Flour, même chose.

(3) Saint Jacques de Compostelle en Galice, pèlerinage très fréquenté aux
xi° et xii° siècles par les habitants de la Haute-Auvergne. Il y resta en honneur
très tard.

donec post aliquot annos Jherosolynam ire disponeret in quo scilicet itinere diem clausit extremum. Hujus compositionis sive jurationis testes fuerunt Eustorgius de Brezons, Stephanus de Grandson et multi alii (1).

XV

Chartulaire de l'Evesché de Saint-Flour.

Très grand nombre de chartes de 1109 à 1317 où il est question de l'église et du prieuré de Saint-Flour (2).

XVI

22 février 1262 (nouv. st.). — Lettre inédite de Pierre de Saint-Haon, prieur de Saint-Flour, au pape Urbain IV (3).

Sanctissimo patri in Christo ac domino Urbano divina miseratione Summo Pontifici, frater Petrus, prior humilis Sancti Flori ac religiosus ejusdem loci conventus, apostolicæ sedis humiles filii et devoti, Cluniacensis ordinis, Claromontensis diœcesis, se ipsos et pedum oscula beatorum cum orationibus assiduis pro dicta (4) sede romana vestraque salutem. Cum sanctissimus prædecessor vester dominus Urbanus papa sedens, tam ob devotionem *beati Flori religiossissimi confessoris patroni nostri* DISCIPULI JESU CHRISTI CUM BEATISSIMO MARTIALE, *quam* (5) *propter reverentiam consecrationis suæ qua nostrum monasterium præ* (6) *aliis est exemptum,* ac pro dilectione venerabilis patris domini Joannis, cardinalis, episcopi Portuensis, in eodem nostro monasterio tu-

(1) Bibl. Nat., mss. latin 12730, fol. 176-179, ancien *S. Germain latin*, n° 514. — Voir aussi *Gallia christ.*, 11, *Eccles. S. Flori.*

(2) Sera incessamment publié. Le carton, complété par des chartes empruntées à d'autres archives, est prêt. Il n'y manque plus que le temps pour la dernière main.

(3) Cartulaire de Saint-Flour, copie du xviii° siècle, fol. 162 verso. Le nom de famille du prieur Pierre, *Petrus de Sancto Habundo*, est donné par d'autres chartes du même cartulaire à la même époque. Beaucoup d'incorrections dans le texte.

(4) Au lieu de *pro dicta*, le mss. dit *prædicta.*

(5) Mss. *qui.*

(6) Mss. *pro.*

mulati (1), eidem monasterio cum suis pertinentiis universis privilegium indulserit speciale, quod, fere consumptum pro sui nimia vetustate, de novo indiget renovari, Sanctitati vestræ suplicamus humiliter et devote quatenus eidem monasterio vestro, ex concessione sanctorum romanorum pontificum ad Cluniacense monasterium pertinenti (2), prædictum privilegium dignemini renovare; providentes totaliter in hac parte, si placet, divinæ intuitu pietatis, eidem monasterio romanæ sedis filio quondam immediato (3) et monasterio Cluniacensi cui nunc subest pro summorum (4) romanorum pontificum concessione, prout est supradictum, quod idem monasterium Sancti Flori a (5) gravaminibus et pressuris quas patitur enormiter a circumstantibus (6) et vicinis potentioribus et malignis, valeat apostolicæ sedis suffragio respirare, cum sit positum inter malignos homines et potentes, quibus per nos unquam resistere non possumus ullo modo, nisi vestra piissima sanctitas et immensa (7) nobis in vestro monasterio memorato, si placet, misericorditer subveniat, sicut subsequitur aut (8) faciat subveniri; commendantes ipsum monasterium, si placet, specialiter et expresse, cum suis rebus et pertinentiis universis, filio vestro illustrissimo et christianissimo Regi Francorum, ut illud romanæ ecclesiæ et Cluniacense monasterium custodiat salubriter et deffendat, ac aliis beati Petri et romanæ ecclesiæ filiis universis; concedentes nobis, si placet, et eidem monasterio vestro conservatores et deffensores hujus privilegii renovati (9) venerabilem patrem in Christo episcopum Gebennensem et religiosum virum abbatem Sancti Petri ex [tra] portam Viennensem. Et ad hæc omnia et alia procuranda et a sede apostolica impretranda procuratores nostros facimus et constituimus nobilem virum Austorgium dominum castri de Petra (10),

(1) Mss. *cumulati*. Jean, cardinal de Porto, secrétaire et ami d'Urbain II, mourut à Saint-Flour, entre le 7 et le 13 décembre 1095, pendant le séjour du pape dans cette ville, et y fut inhumé dans l'église patronale. *(Vita Urbani*, D. Ruinart.)

(2) Mss. *pertineri*.

(3) Mss. *immediate*. La *villa* d'Indiciac et son église de saint Florus données entre l'an 1000 et 1010-1013 au pape par les seigneurs du lieu avait d'abord appartenu directement à l'Eglise de Rome ; c'est ce dont se prévaut le prieur (V. *Epitome*).

(4) Mss. *suorum*.

(5) Mss. *ac*.

(6) Le scribe a écrit *accusantibus* corrigé plus tard en *circumstantibus* avec oubli de la préposition *a* dont la première lecture garantit l'existence.

(7) Mss. *in mensa*.

(8) Mss. *ut*.

(9) Mss. *renovari*.

(10) Mss. *petru*. — Astorg de Peyre, seigneur de Peyre en Gévaudan et de Pierrefort dans le prévôté de Saint-Flour. Il était l'un des vassaux du prieur et l'un des plus hauts barons de Haute-Auvergne et du Gévaudan.

Mimatensis diœcesis, et procuratorem reverendi patris nostri domini abbatis Cluniacensis, quemlibet eorum in solidum, gratum et firmum habituri quidquid per dictos procuratores, seu per aliquem eorumdem vel per substitutos aut per substitutum ab ipsis seu ab aliquo ipsorum factum, procuratum, etiam impetratum fuerit in Roma a prædictis, seu ab aliquo prædictorum. — Datum die mercurii cinerum anno domini millesimo ducentesimo sexagesimo primo. In quarum supplicationis et constitutionis procuratorum testimonium, nos prædicti prior et conventus sigilla nostra huic præsenti cartæ duximus apponenda.

Et ego Robertus de Fargiis, clericus autoritate imperiali publicus notarius, ad requisitionem venerabilis viri domini Joannis prioris Sancti Flori (1) præsentem litteram de verbo ad verbum scripsi et signo meo signavi.

XVII

1317

Bulle du pape Jean XXII érigeant Saint-Flour en siège d'évêché.

Johannes episcopus, servus servorum Dei... volentes... quod... villam de Sancto-Floro .. quam in civitatem erigimus... separatam habeat diœcesim... quodque prioratus conventus conventualis quondam sancti Flori Cluniacensis ordinis civitatis ejusdem UBI CORPUS SANCTI FLORI CONFESSORIS DICTÆ ECCLESIÆ RECONDITUM SIT, de cætero... ecclesia cathedralis, etc...

Datum Avenioni septimo idus julii pontificatus nostri anno primo (2).

XVIII

Vita S. Flori ex Bernardi Guidonis Speculo Sanctorali (3).

(1329.)

1. Beatus Florus, ex transmarinis partibus ortus, *Domini nostri Jesu Christi vestigia secutus, ejus ubique alumnus, et sacro fonte*

(1) Jean fut prieur de Saint-Flour entre juin 1314 et 1316 (Cartul. de Saint-Flour), ce qui nous donne la date de l'expédition.

(2) *Bullarum amplissima collectio III*, pars II, p. 150.

(3) Edité en 1568. Réédité en 1894 par les nouveaux Bollandistes (t. LXIII, 4 novembre), d'après les manuscrits de Paris (Bibl. Nat., lat. 5406 et 5407) et celui de Toulouse, n° 61. Ecrit entre 1325 et 1334. Rappelons à ce propos que c'est par erreur que beaucoup d'hagiographes appellent Bernard Gui *Guido* et *Guidon*. Le prénom français de Gui ou Guy se disait en latin *Guido*; au génitif *Guidonis*, dont quelques-uns ont fait de là Guyonnie, par une autre méprise.

baptismalis ablutus, doctrinisque salutaribus edoctus, honorifice vocatus est ejus spiritualis filius. Inter ceteros vero missos dignos condiscipulos, directus est ipse Romæ catholicæ Ecclesiæ, ut illic socius fieret inter alios et beati Petri apostolorum principis particeps efficeretur et consors. Pro tanto et tali denique nitore, quem ipse habebat in pectore, ardor apostoli erga ipsum vigebat in merito et flori meritis pollebat in corde.

2. — Denique postquam magister veritatis Christus discipulos ad prædicandum mitteret *et alios septuaginta duos discipulos* designaret ut irent bini et bini per singulas provincias ad docendum verba evangelii Jesu Christi, sanctus Florus, et admonitione beati Petri apostoli, cum quibusdam aliis (3) missus est *ad partes provinciæ Narbonensis,* ubi quam plurimis errantibus a via veritatis fidem Sanctæ Trinitatis prædicando declaravit, et ad confessionem ejusdem fidei ad perfectum usque perduxit.

3. — Perveniens autem vir Dei ad civitatem *Lodovensem,* ibi pastor ecclesiæ et episcopus animarum electus est primus, et errantes oves propriis humeris ad ovile dominicum reportavit. Cumque tanta fragraret gratia ut inter domesticos hic providentia ipse domesticus haberetur devotus, impiger mansit in omnibus bonis; virtutibus et moribus decoratus. Bene etiam erudiens filio suos, per quem tramitem Christi tenerent mandata, docuit per gratiam Spiritus Sancti calcare colla inimicorum, spiritum et omnia machinamenta diaboli superare.

4. — Cumque populum ecclesiæ suæ divino cultui prius ignoto vir Dei mancipasset et a cunctis decoraretur obsequio dignus antistes taliter ad eos locutus est : — « O filii carissimi Christi cruore redempti, audite verba Dei. Empti enim estis pretio magno, sanguine immaculati agni Jesu Christi, et, de lupis, effecti estis agni innocentes. Sequimini divinam vocem, per Paulum, vas electionis, sic dicentem : « Caro enim concupiscit adversus spiritum, spiritus autem adversus carnem; hæc enim sibi invicem adversantur ». Estote ego parati, et pugnate adversus insidias diaboli, ut possitis comprehendere cum omnibus sanctis, quæ sit longitudo, latitudo, sublimitas et profundum. »

5. — Hæc et his similia, egregio pontifico docente, et cum Christi miraculis suæ plebi collustrante, et in pace cum suis famulis in prædicta *Lodovensi* ecclesia quiescente, vox divina facta est ad eum, dicens : — « Famule mi Flore, noli timere quia ego tecum sum quocumque perrexeris ». — « Eu, ait, assum, Domine ». Et vox Domini ad eum : — « Sume, inquit, tibi undecim in vicem te sequentes, et vade in locum *Planilicum* ad montem *Indicialum,*

ibique tibi demonstrando viam itineris tui, per quem ad me ingredi debeas. » Confestimque miles Dei, nihil trepidans, ut alter Abraham obediens voci Dei, egressus de sede sua, properavit ad locum de quo dixerat ei Deus.

6. — Consurgens vero beatus Florus, cœpto itinere carpens viam, duxit secum duos se consequentes Geumardum [al. Gemardum, Gemarclum] presbyterum et Justum archidiaconum (1), ut hymnos spirituales cum ipso canerent, et in omni loco Domino deservirent. Ceteri autem sequentes cum supradicti discipulis, usque in Bolismam collem sequentibus pontificem, pervenerent (2). Quo in loco siti incomparabili silierunt; et, interveniente patrono eorum sancto Floro, mox ut virga sua terram aridam tetigit, aquæ largissimæ effluxere, et illi biberunt et refovillati sunt; et, ab ipso die usque ad hodiernum, fons ibi præclarus emanat et satietatem multis populis præstat. Tunc, somno sopiti divino, duarum fere horarum spatio quieverunt et quiescenter dormitaverunt.

7. — Dehinc, egregius Florus properans, citissime mulum ascendit et circuivit montes plurimas in arce Planitica, donec veniret ad locum quem præcepit ei Deus in monte Indiaciacum [corr. Indiciaco]. Qui, per angustum iter et [et ou ad] rupem excidentem veniens cum lætitia, exquisivit qualiter inibi per Domini clementiam repausaret. Tunc intervallo facto ac mora peracta, repedavit

(1) Voir pour les archidiacres Just ou Juste du temps de saint Allyre et de saint Grégoire de Tours : *Vita S. Illidii*; — Savaron, *Orig. de Clermont*; — Greg. Tur., *Hist.*, lib. I, cap. xlv; — Dom Branche, *Vie des Saincts et Sainctes d'Auvergne et du Velay*, I, 324; II, 200; I, 386-388; — Sid. Apoll., *Epitap.*, lib. VII; — Greg. Tur., *Vitæ patrum*, cap. iii.

Trois archidiacres du nom de Just sont connus dans l'Église d'Auvergne : l'un était le parent et le contemporain de saint Allyre, évêque de Clermont, mort vers 384, mais qu'une légende fait vivre du temps de saint Pierre (*Vita S. Illidii*; — Savaron, *Orig. de Clermont*; — Dom Branche, *Vie des Saincts et Sainctes d'Auvergne et du Velay*, I, 324, et II, 200); le second était le contemporain de Grégoire de Tours, qui en fit son archidiacre ; il fut évêque, au moins coadjuteur, et fut enseveli près du tombeau de saint Allyre, à Clermont, avec l'épitaphe : *Hic jacet S. Justus Arvernicæ urbis Episcopus* (Greg. Tur., *Hist.*, lib. I, cap. xlv); l'autre, saint Just, confesseur, né en Auvergne et enseveli avec saint Abraham et saint Sylicin dans l'église Saint-Cirgues de Clermont, est mentionné sans détail au Martyrologe de France. (Dom Branche, *loc. cit.*). Saint Abraham mourut vers 460 (*Ibid.*, I, 386-388; — Greg. Tur., *Vitæ patrum*, cap. iii; — Sid. Apoll., *Epitap.*, lib. VII.)

(2) Dom Branche (*La vie des Saincts et Sainctes d'Auvergne et du Velay*, I, 310) en proposant « Bleimar, village voisin de Saint-Flour, qui est de la même advenue » se trompe quant à la proximité; il n'y a pas de lieu connu de ce nom près de Saint-Flour, ni dans le Cantal. Il a voulu indiquer Bleymard, chef-lieu de canton de l'arrondissement de Mende (Lozère), au delà de cette ville par rapport à Saint-Flour, dont 120 kilomètres au moins le séparent, mais qui se trouve, en effet, dans la direction de Lodève.

ad suos sequaces : — « Surgite, inquit, fratres, dirigite viam pe-
dentim euntes, et properemus ad eum quem, Domini jussu, con-
templari potuimus locum.

8. — Exsurgentes itaque, secuti sunt plane vestigia benigni sui
pastoris. Illa vero lux eos praeibat quae filios Israël ducebat, de-
ducens eos per columnam nubis in die et per columnam ignis in
nocte. O dives in meritis athleta Dei! Ascendit in montem, ut illic
Deo faceret habitaculum solemne. Ibi visitatio divina giravit quatuor angulos quadrigae, quo fundamentum Christiani nominis
postmodum indiderunt; et nulla deinceps culmina antistum absidam dedicaverunt.

9. — Cultor autem Dei Florus multis postea vixit temporibus,
et suos discipulos prudenter instituit, ut omnibus bonis operibus
stabiles permanerent, in radice altissimi montis (1) : — « Estote,
inquit, filii, supra firmam petram fundati. Ego namque viam uni-
versae carnis proficisci cupio ad perpetuam vitam ingredi desi-
dero. » His itaque monitis edocti, lacrimantes dixerunt ad eum : —
« O pastor bone, cur oves innumerabiles quas Domino acquisisti,
relinquis? Sed quid nos orphanos dimittis? » Haec illis lacrima-
biliter dicentibus, benedicens eos et instituens in praeceptis Dei,
anima ejus migravit a corpore et feliciter penetravit in sancta. Corpus
autem ejus sepelierunt iidem sui discipuli, et construxerunt ibi ecclesiam in honore beati Petri apostoli (2); digne implorantibus ejus su-
fragium a diversis incommoditatibus praestantur remedia sanitatum.

XIX

Lectiones legendarii Moissiacensis (3).

Editae ex apographo servato in cod. Brux. n° 8014 (4).

1. Florus igitur *Lodovensis* episcopus in ecclesia sua divina voce

(1) Florus, après avoir construit une église sur la montagne d'Indiciac, sans
doute à la place d'un monument du culte payen, aurait donc établi ses compagnons au pied d'une « très haute montagne ». Comme Bernard Gui vient de
parler déjà trois ou quatre fois du « mont Indiciac » sans le qualifier ainsi,
c'est donc qu'il désigne une autre montagne plus haute. Le qualificatif s'applique d'autant moins à Indiciac, que ce lieu est de tous les côtés dominé par des
montagnes plus élevées. Il ne s'agit donc pas ici du faubourg de St-Flour, mais d'un
lieu situé à la base ou près de la base du Plomb, le sommet le plus élevé du pays.

(2) Ce serait une seconde église. Saint Pierre était encore le patron de l'église
de Saint-Flour au xi⁰ siècle.

(3) Moissac (Tarn-et-Garonne). Malgré la distance, il est tout naturel que
cette abbaye se soit intéressée à la légende de Florus. Elle comptait parmi ses
dépendances le prieuré de Bredon près Murat, à l'extrémité de la Planèse, dont
les biens s'étendaient en Planèze jusqu'aux portes de Saint-Flour.

(4) *Acta Sanct.*, t. LXIII, 4 novembre. Bruxelles, 1894. *Conf. Commune praev.*

est monitus ut *montana* petens *Arvernica*, iret in montem *Indiacum* in loco *Planitico*. Hic ascendens, convocato et informato populo valedicens, cum aliquibus sibi obsecutis recessit. Pervenientes autem ad quemdam locum, facta oratione, ad ictum sceptri quod manu tenebat, terra produxit laticem largissimum divinitus defluentem, quo astantes sitim intolerabilem extinxerunt. Florus itaque, in tellure *Planitica*, plures montes circumiens, tandem, Christo duæ per angustum iter rupis excisæ ad montem *Indiciacum*, locum a Deo destinatum pervenit.

2. Quo circumspecto, Deo gratias agens, rediens ad socios, taliter allocutus est eos : — « Surgite fratres ; Dominus enim direxit viam nostram. Properemus ad eum quem, ejus jussu, quæsivimus locum. « Tunc cogitare et tractare cœpit qualiter ibi solemne Deo habitaculum posset instruere. Cumque hæc ita disponeret, apparuit quædam vis et operatio divinæ majestatis, per quatuor angulos spatii basilicæ in modum quadrigæ, sulcum faciens, ducto limite ; ut palam cunctis appareret qualiter fundamentum ecclesiæ poni deberet. Qua virtute, qui viderant stupefacti, non mediocri etiam lætitia cum ingenti admiratione percussi accelerant, perficere intimum opus designatum Deo solemne habitaculum et populis in veneratione divinæ majestatis sanctificatum oratorium.

3. Ob reverentiam vero prædictæ virtutis, ut fertur, nullus deinceps antistitum absidam ecclesiæ illius dedicare præsumpserit ; nec immerito, quod enim Dei et Domini nostri sanctificatum est majestate mortalium non eget benedictione. Pluribus itaque annis Florus ibi Deo laudabiliter serviens prædicatione sua et exemplo vitæ plures fideles Domino acquisivit. Erat enim in potestate doctrinam habens. Quia qualis instruebat subditos verbo, talis et ipse apparebat in facto. Exuratus (*sic*) namque est eos ut mundum non diligerent neque quæ in mundo sunt, diligere studeant, quoniam mundus transit et concupiscentiæ ejus, et Paulus : « Castigo corpus meum et in servitutem redigo, ne forte, cum aliis prædicaverim, ipse reprobus efficiar. » Cum et populo fidem et doctrinam Christi prædicans, inter verba orationis beatus Florus ad Christum migravit. Ad ejus tumulum meritis multi infirmi ac debiles prorantur.

Ce fragment, dont les Bollandistes n'ont pas indiqué la date, peut être du quatorzième siècle ; mais il est certainement postérieur à l'écrit de Bernard Gui, dont il reproduit toute la trame, dans le même ordre et souvent avec les mêmes expressions. C'est un résumé de la *Vita S. Flori* de l'évêque de Lodève. Il fut envoyé de Moissac à Bolland par Pierre Poussin en 1643. (*Nouv. Boll.*, LXIII-206). On ne doit donc pas donner créance aux modifications, très légères du reste, qu'il apporte au récit de Bernard Gui.

XIX (bis)

Note sur Bernard Gui et le Sanctoral

L'auteur du Sanctoral est bien connu des érudits depuis la *Notice sur les manuscrits de Bernard Gui* (310 pp. gr. in-8°), publiée par M. Léopold Delisle dans le tome XXVI des *Notices et extraits des manuscrits de la bibliothèque nationale et autres bibliothèques*. Ce rédacteur d'immenses compilations est moins connu du public. Comme il est le plus ancien biographe connu de Florus, et que de son récit ont vécu toutes les hagiographies postérieures, il n'est pas inutile à notre sujet de rappeler ce qu'on sait de sa valeur scientifique et de ses sources de renseignements.

Né au village de Royères, commune de la Roche-l'Abeille, arrondissement de Saint-Yrieix (Haute-Vienne), en 1261 ou 1262, dans un rang social humble suivant les uns, noble suivant d'autres, élevé chez les Dominicains de Limoges où il fit profession en 1280, il enseigna la logique au couvent de Brive, la théologie dans ceux d'Alby, de Carcassonne, de Castres, de Limoges (1284-1305). Fait successivement prieur des Dominicains d'Alby, de Carcassonne et de Castres, de Limoges (1294-1301), il fit construire la bibliothèque de ce dernier couvent. Nommé inquisiteur de Toulouse (1307), proposé presqu'aussitôt comme définiteur de l'Inquisition par le chapitre général de son ordre tenu à Padoue, procureur général des Dominicains en 1316-1318, on le trouve pendant cette période dans le centre de la France et dans le midi, à Toulouse, Carcassonne, Lyon, Alby, Pamiers, Bordeaux. A peine élu, le pape Jean XXII, qui le connaissait et en faisait grand cas, lui confia des négociations diplomatiques en Italie avec Bertrand de la Tour, provincial des Cordeliers, dit « frère Bertrand de Clermont », auprès du roi de Sicile, des comtes de Savoie, du marquis de Saluces, de Mathieu Visconti ; en France, auprès du roi Philippe le Long et de Robert de Flandre. Pourvu de l'évêché de Tuy en Castille (1323) et quelques mois après promu au siège de Lodève, il y fait son entrée le 21 mars 1325, et il meurt le 30 décembre 1331 dans son diocèse, à Lauroux, château situé dans le canton de Lodève. Dans toutes ces charges et dans ces pays divers, même pendant ses voyages, il ne cessa de colliger les manuscrits, de copier des chartes, de relever les vieilles épitaphes, d'accumuler des documents, de noter ses entretiens avec les personnages savants. Tous les trésors des monastères, Dominicains ou autres, sont ouverts à sa curiosité insatiable.

Son œuvre est énorme. De la partie théologique : *Pratique de l'Inquisition*, *Traité de la messe*, *Traité de la Conception de la Sainte Vierge*, *Sermons*, nous n'avons pas à nous occuper. Mais l'histoire, l'histoire religieuse surtout, est son occupation préférée. C'est un esprit méthodique ; il commence par se faire un bon cadre chronologique ainsi que l'attestent les traités suivants : *Chronique abrégée des Papes*, *Chronique abrégée des Empereurs*, *Chronique des Rois de France* qui eut beaucoup de succès (4 éditions de son vivant) ; *Prœclara Francorum facinora*, *Catalogue des rois de France*, *Description des Gaules*. Muni de ces notions générales, il les appliqua tout d'abord spécialement à son pays de Limousin : *Catalogue des évêques de Limoges*, *Traité sur les saints du Limousin*, *Traité sur l'histoire de saint Augustin de Limoges*, *Chronique des prieurs de Grandmont (1313)*, *Chronique des prieurs d'Artiges*, une *Vita S. Marcialis discipuli Domini Jesu Christi*, ouvrage pour lequel il trouva des documents dans la belle bibliothèque des Bénédictins de Limoges, dont Bernard Itier nous a laissé le catalogue un siècle avant, et qui paraît l'avoir incité à composer son étude sur les disciples de Jésus : *Nomina discipulorum Jhesu Christi*. Les saints Limousins l'amenèrent aussi à écrire la *Vita S. Geraldi*, saint Géraud d'Aurillac étant le fils d'un *comes Lemovicensis*. Ses fonctions d'inquisiteur le fixent quelques années à Toulouse et il dresse le *Catalogue des évêques de Toulouse* de même qu'il écrit la *Chronique des comtes de Toulouse*.

Le voilà évêque de Lodève. Immédiatement il s'attelle à son gros ouvrage *Cartulaire et Chronique des évêques de Lodève* en 5 volumes, dont un seul existait encore au XVIᵉ siècle, lorsque Jean de Plantavit, son successeur médiat sur le siège de Lodève, l'a consulté, pour ne nous en donner malheureusement que quelques lignes. Peut-être est-ce ce volume qui l'a mis sur la trace de la *Vetustissima legenda* de saint Florus. Ce dernier volume a lui-même disparu depuis.

Son œuvre la plus connue, le *Speculum Sanctorale*, qui est, pour ainsi dire, la résultante de tant de travaux, fut commencée entre 1312 et 1313, sur l'invitation de Bérenger de Landorre, maître de l'ordre des Dominicains. Des quatre parties dont il se compose, les deux premières furent achevées en 1324 et offertes par lui au pape le 20 juillet de cette année. Les deux dernières le furent en 1329 pendant qu'il était à Lodève. Sa notice *De sancto Floro* se trouve dans la quatrième partie (folio 164 vᵒ du manuscrit de Toulouse, folio 195 vᵒ de celui de la Bibl. nat. de Paris nᵒ 5406, et au folio 208 du manuscrit 5407 de la même bibliothèque).

Bernard s'est particulièrement et longtemps occupé des 72 disciples de Notre-Seigneur, dont parle Eusèbe à la fin du 1er livre de l'*Histoire ecclésiastique*. La première édition de la liste des disciples date de 1313. Il n'y admet que ceux qui lui paraissent bien prouvés, et encore en employant des formules de circonspection: *Hæc igitur*, dit-il, *sunt nomina discipulorum Domini Jhesu Christi quæ posteà reperire et colligere sub compendio ex pluribus libris et scripturis usque in presentem annum Domini* MCCCXIII *quo hec scripsi ;* et dans une autre copie du même traité il ajoute: *Salvo semper majori judicio et ampliori ac cerciori indagine et examine veritatis.* Il admet les 22 disciples suivants, dont les 20 premiers formellement.

S. Martial de Limoges ;
S. Austriclinien, disciple de S. Martial ;
S. Alpinien,   id.   id.;
S. Georges du Puy ;
S. Front de Périgueux ;
S. Julien du Mans ;
S. Ursin de Bourges ;
S. Trophime d'Arles ;
S. Maximin d'Aix ;
S. Lazare de Marseille :
S. Clément de Metz ;
S. Eucaire de Trèves ;
S. Valère   id. ;
S. Materne   id.;
S. Sixte de Reims ;
S. Mansuet de Toul ;
S. Savinien de Sens et d'Orléans ;
S. Potencien   id.   id. ;
S. Altin   id.   id. ;
S. Eutrope dé Saintes ;
S. Gatien de Tours, admis dubitativement ;
S. Menge de Châlon,   id.

Il n'est pas question des saints Austremoine, Mary et *Flour* dans ce travail de 1313. Si donc il a admis ce dernier plus tard, entre 1313 et 1329, et presque certainement entre 1325 et 1329, pendant qu'il était à Lodève, c'est qu'il y fut déterminé par la découverte postérieure de preuves inconnues de lui jusque-là. Or, précisément l'érection de Saint-Flour en siège d'évéché (1317) attira l'attention sur les manuscrits de son monastère, le passé de son patron, et Bernard connut assurément à la Cour d'Avignon Raymond de Mostuéjouls, prieur du monastère Sanflorain, qui fut le premier évêque du nouveau diocèse. De telle sorte que ces deux faits : connaissance des manuscrits de Saint-Flour et promotion de Bernard Gui à Lodève, vinrent par leur coïncidence contraindre son esprit à étudier l'histoire du confesseur qui passait pour avoir évangélisé successivement Lodève et Indiciac, depuis baptisé de son nom. Il eut sous les yeux, on n'en peut guère douter, tout ce que ces deux pays possédaient de vestiges écrits ; et, comme l'étude de son caractère et de ses œuvres fait clairement ressortir ses scrupules en matière d'affirmations historiques, il en faut conclure qu'il eut entre les mains des récits légendaires aujourd'hui disparus, identifiant le Florus de Lodève et le Florus d'Indiciac, car il l'affirme sans circonlocutions.

Sur son caractère, l'autorité morale de ses écrits, je ne peux que continuer de reproduire l'opinion de M. Léopold Delisle qui ne se borne point au vague dans l'attestation très étudiée de l'une et de l'autre. — « Il a épuisé, dit le grand savant, tous les moyens qu'on avait de son temps pour arriver à la connaissance de la vérité... Il a compulsé une multitude de renseignements précieux sur l'histoire, dont l'équivalent n'existe nulle part ailleurs » (p. 367)... « ne confond pas ce qui lui paraît simplement probable avec ce qui lui paraît démontré (371-372)... quand il ignore, il dit je ne sais pas. Il discute les dates, balance les témoignages. » « La curiosité de Bernard restait longtemps fixée sur les points qui avaient fixé son attention » (374). Il eut, en un mot, avec le « scrupule » et la « bonne foi » toutes les qualités critiques exigibles de son temps. Mais évidemment il ne pouvait posséder que celle-là. Si bien que la vie de saint Florus doit être tenue pour le résumé exact de la croyance légendaire d'une époque où la critique était encore bien inexpérimentée et bien peu difficile, où l'on était trop porté à considérer les légendes comme des preuves historiques.

Malheureusement, lui qui cite souvent ses sources, il a négligé de nous les révéler pour la biographie de Florus ; présomption que les documents d'histoire ou d'épigraphie lui ont fait défaut et qu'il n'a eu pour base que la tradition et les écrits légendaires. Pour ceux-là en revanche nous pouvons nous tenir pour assurés qu'il en eut et qu'il n'inventa rien. La conscience morale d'écrivain éclate par trop d'autres passages pour permettre d'en douter. La lettre de Pierre de Saint-Haon au pape, de 1262, présentant notre saint comme un disciple de Notre-Seigneur avec saint Martial, dut impressionner un moine limousin qui, après avoir colligé tout ce qui avait été écrit avant lui sur le patron de Limoges, était resté convaincu de son apostolicité. Le rapprochement de ce texte et de ceux des chartes de fondation de Saint-Flour au xie siècle en faisant un des disciples présents à la Cène, suffiraient pour le confirmer dans cette conviction, étant données les idées de son temps sur la valeur des légendes. Ainsi, sans sortir de Saint-Flour, il trouva une assiette à ses assertions au sujet de la vie du saint, jusqu'à son envoi chez les Gentils pour y porter la parole du Christ.

Mais pour l'envoi en Narbonnaise, la conversion de ce pays, le voyage de Florus à Indiciac, le nombre et le nom des compagnons, les miracles accomplis dans le trajet et sur le rocher d'Indiciac, la fondation d'une ou de deux églises, la longue durée de sa vie dans ce lieu, l'évangélisation des habitants, il faut qu'il ait eu des notions qui nous manquent.

Voilà en quoi le *Sanctoral* est précieux. Il ajoute à la légende des compléments que nous ignorerions sans lui ; et, comme nous l'avons dit dans le cours de cette étude, le fait légendaire est, en soi, un fait positif à sa date. Quant à l'histoire, il faut reconnaître que le *Sanctoral* n'apporte rien par lui-même et qu'il ne constitue nullement une preuve de l'apostolicité du patron du diocèse des Montagnes d'Auvergne.

XX

3 novembre 1398.

Mandement de l'évêque Hugue de Magnac, rappelant la vie et les miracles de saint Florus ; instituant une fabrique, dont il nomme les quatre premiers membres, ainsi qu'une confrérie pour la reconstruction de la cathédrale tombée ; prescrivant des quêtes dans tout le diocèse et accordant des indulgences aux donateurs et fabriciens.

Hugo, miseratione divina episcopus Sancti Flori, universis et singulis abbatibus, prioribus, decanis, archipresbiteris, ecclesiarum rectoribus civitatis Sancti Flori, vicariis civitatis et diocesis Sancti Flori, seu eorum locumtenentibus, alliisque christi fidelibus ad quos presentes littere pervenerint, Salutem in Domino sempiternam et vestrarum devotionum augmentum. — In casu letifero prothoplasti (1), tota posteritate sauciata, tremescente mundo, callidus

___

(1) *Protoplastus*, homme qui a été formé sur le modèle du premier homme, Adam. Le style de Hugue de Magnac est empreint des défauts de beaucoup de lettrés du temps. Le goût de la pompe et des mots inattendus jette l'ancien professeur dans le prétentieux. Il est phraseur et rhéteur. De plus les fautes de copiste dans le texte de 1398 et parfois le mauvais état du parchemin rendent la restitution difficile.

hostis generis humani suis deliciis fallacius... animas pauperum in infernum detinere conabatur prefatum genus humanum, condicione sua propria domino decenter atque retenta, multum variis penis, miseris, doloribus eruptis repressa et oppressa, confusibiliter per mundum universum incepit evagare. Sic detentis et retentis, repressis et oppressis, ingens incumbit necessitas ad sublimitatem potentem, ac liberare valentem, voces suas emittere validas cumque gemitu et dolore, ut pium propiciatorem mittere dignaretur, pietate compassus, mundi machine creator et rector, filius Virginis gloriose charitate perpetua successus, nolensque cum ingenua creatura in tot illecebris miseris diucius latitaret, nos liberare volens, et Deo patri mitigare federe sempiterno, de excelso monte celorum descendere dignatus est, et huic mundo pauperrime perigrinari; apostolorumque collegio a se acercito [*corr.* accersito] docuit, instruxit et informavit et secreta celestia revelavit.... ac, tempore congruo, in mundi partes varias et diversas destinavit, ut in omnem terram exiret sonus eorum et in fines orbis terre verba eorum, ut autem in messes domini segetes amplius pullularent [in], orbem terrarum, septuaginta duorum discipulorum numero.

Unde *beatissimus Florus extra marinis partibus ortus in ipso mundo a Christo domino legitur fuisse assistus* [corr. *battisatus*]; qui Florus floruit, floret et florebat. — Floruit dum mundum aridum cum suo flore despexit et, ut palmes viti, Christo adhesit; — floruit dum *post ascensionem Domini adherens vestigiis beati Petri apostolorum principi, et cum ce* [corr. *se*] *arripuit laborem perigrinacionis, sanctitate insignitus et sanctissime fide instructus. Lodovam est ingressus, ubi infidelium namque dura ad credendum corda mollivit et suave jugum domini suscipere, virtutum suarum amabilibus persuasit* [exemplo]*, vetusto errore sublato, in fide catholica et sancte trinitatis deifice instruxit fideliter roboravit et confirmavit. Tandem, voce divina monitus montana Alvernica petere, quantocius* p[*otuit progressus?*] *est, voci divine parens Christo ducente, ad montem Indiciacum est adductus; ubi Sanctus Florus floruit,* dum etiam de petra ficta aquam eduxit atque catervam suam salientem refforcillavit [corr. *refovilluvit*], *et vi febrium laborantibus* [corr. *laborantium*] *ac membra infirmantium debilitatos* [corr. *debilitata*] *prestine* [corr. *pristine*] *reduxit et reducit sanitati. Floret, floruit, signa prodigia et inaudita miracula faciendo, surdis auditum prebendo, cecos illuminando, mortuos suscitando, mulieres in partu vicine morti appropinquantes, eas ad vitam revocando, et fructum earum ad fontes sacras battismatis deducendo, ne in limbo descenderent cum dampnatis, a* *demon'o vexatos liberando, leprosos mundando; et hec nostris temporibus clara demonstratio esse [videtur].* — *Florebit in mentibus sibi per devotionem adherentibus infundendo graciam ; suis precibus et meritis in fine deducendo ad... et signis, prodigiis et miraculis corruscantibus patriam et mundum illuminantibus; dum ecclesiam in honorem et reverentiam sui magistri Jhesu Christi honorifice sublimavit et erexit* (1), *qui tante sanctitatis existit, ut ecclesiam quam erexit manus angelica consignare benefficare [benedicere] et consecrare dignita est.*

Ideo a fidelibus christicolis locus iste cum veneratione, honore et reverencia debet honorari et frequentari. Et quare prout dolentes refferimus, nec deest causa tristitatis dolorosa predicta, amabilis ecclesia miser et pignucula, necnon campane, muri, chorus et orologia fere dirruta sunt (2), omnia que non possunt relevari nec reffici, nisi occurrant bonorum juvamenta... De quo reficere predictam ecclesiam, guerris et mortalitatibus occurrentibus et causantibus, civitas est nota carentia [*corr.* carens]. Ea propter, compascientes (*sic*) nostre sponse, que mater et aliarum nostri dyocesis, cum ad aures nostras predicta pervenerint, et oculis previdimus, nichilominus sanctissimi alumpni *presulis confessoris*... animus noster ardescere devocionis amore cepit, et ideo confratriam fabrice sue ecclesie honorabiliter ordinare in honorem hujusdem *sanctissimi Flori* et esse, disposuimus et ordinavimus, ac bonis spiritualibus... auxiliare decrevimus. Videlicet... juvavimus, pie devocionis affectu, confisi de omnipotentis Dei unacum beatorum apostolorum Petri et Pauli et almi *confessoris beati Flori* [auxilio], quadraginta dies de vera indulgencia conferimus et donamus cuilibet eorumdem fungentibus... devocionis causa, ad dictam ecclesiam Sancti Flori accesserint in singulis festis astantibus Nativitatis, Ascensionis, Epiphanie, Passionis, Resurrexionis, Penthecoste, Ascensionis Domini Virginis que gloriose, et in festitatibus beati Flori et San[ctorum apostolorum Petri et] Pauli, et Sancti Johannis Babtiste (*sic*) evangeliste, manus suas pangendo adducentes ad opus fabrice ; ulteriusque, de uberiori gracia, cuilibet de dicta confratria predicta qui in dicta confratria permanserit concedimus et concessimus, ut ydoneum [si visum fuerit per] confessorem qui de casibus specialibus de quibus ad nos accessus haberetur per nos concedi·

(1) Aussi, quand le comtour de Nonette eut détruit l'ancien monastère, vers l'an 1007, le pape lui ordonna-t-il entre autres pénitences d'édifier au même lieu une église au Saint-Sauveur.

(2) La chute s'était produite en 1396 aux environs du 3 août, avons-nous vu plus haut (Reg. consul. de Saint-Flour de 1396).

consuetis in nostra dyocesi, plenarie absolvere habeat tocies quoscies videbitur opportunum, dum tamen non essent gravati propter quod mature sedes apostolica esset consulenda a dictis confessoribus, confratibus super hiis auctoritatem, providenciam et licentiam plenariam concedendo. Insuper exortamus vos priores, rectores vicarios perpetuos et locatenentes eorumdem, et vobis et vestrum cuilibet precipimus et mandamus, in virtute scilicet hobedientie, quathenus pradictas indulgencias et confratriam supradictam aliaque supradicta parrochianis et habitantibus parrochiarum vestrarum singulis diebus dominicis et sollempnibus, principali multitudine assistente, intitente, et nottifficant plenarie, cum effectu eosdem parrochianos..., salutaribus monitis indicendo et excitando, quatenus dictam confratriam intrent et predictas indulgencias [et] licentiam, pro salubri remedio animarum suarum, ad predicta manus suas porrigendo adjuvantes, nomina et cognomina ipsorum confratrum ad instantes proxime synodos in scriptis fideliter redigendo, ac remittendo et tradendo religioso viro fratri nostro Anthonio *Jovenros*, priori predicte nostre ecclesie (1), ad hoc deputato una cum discretis viris Johanne Saysseti (2), Petro Mercerii (3), et Francisco Aymerici (4) civibus

(1) Antoine Jouvenroux, prieur de Saint-Flour, d'une importante famille de la ville connue sans interruption dans les documents municipaux et le cartulaire depuis Durand Jouvenroux le jeune, vivant en 1276, et l'une de celle qui ont donné le plus de consuls à Saint-Flour aux xiv° et xv° siècles. Je leur trouve, pendant ce temps, vingt-neuf élections consulaires; les Aymeric, à qui j'en vois au moins trente-huit durant la même périoe, en eurent seuls davantage. Le notaire Thomas Jouvenroux était précisément premier consul en 1398. Cette famille fut anoblie, moyennant finance, au mois d'octobre 1479, en la personne du riche marchand et traitant Pierre Jouvenroux plusieurs fois consul, alors âgé d'environ 99 ans, et tige des seigneurs de la Trémolliere, de la Roussière, etc. (Arch. S.-Flour, chap. x, titre i, art. 4, n° 16).

(2) Les Saysset ou Saisset, étaient aussi de l'élite de la bourgeoisie sanfloraine; quatorze consulats avant 1450. Jean était l'un des fils de Guillaume Saysset, « riche et puissant changeur de la ville de Saint-Flour » (1374) en même temps que chancelier, puis lieutenant du bailli des Montagnes qui fut anobli en 1355 par lettres de Jean de Berry, confirmées en 1365. L'autre fils, Durand, aussi lieutenant des Montagnes, mourut de la peste à Saint-Flour. Jean Saysset fut élu premier consul en 1401. C'était un homme très pieux qui se voua avec beaucoup de zèle au relèvement de la cathédrale. En 1394, il hommagea à l'évêque de Clermont, seigneur d'Alleuse, pour ce qu'il avait acquis de Hugue de Chavagnac à Freyssinet, paroisse de Saint-Flour; la pièce (Arch. dép. P.-d.-D. *Evêché*, sac 7, cote 115) porte par erreur 1094. Les Saysset furent la souche des seigneurs du Buisson, entre Alleuse et Saint-Flour. Ils sont si souvent nommés dans les archives de la ville qu'il faudrait une page de citations rien que pour l'indication des sources.

(3) Sur Pierre Mercier, notaire, avocat, lieutenant du bailli des Montagnes, qui a mené la ville pendant vingt-cinq ans, voir les documents que j'ai publiés dans *l'Hôtel du Consulat de Saint-Flour, ses maitres et la bourgeoisie sanfloraine* (*Bull. hist. et scientif. de l'Auvergne, 1895*, par l'Acad. de Clermont).

(4) En outre des 38 élections consulaires que je viens de signaler, pendant

nostris ; ad finem ut, per religiosos et alias personas ecclesiasticas
nostre ecclesie continue, laudabiliter in ea definientes, specialis
fiat commemoracio tam pro vivis quam deffunctis ; quos fieri volumus participes omni honore [*corr.* omnibus honoribus] que fient
per personas ecclesiasticas ac religiosas ecclesie nostre predicte,
precium prestiturum deliberando et deliberacionem pro quolibet
confratri anno quolibet duodecim denarios et ponendos ad opus
fabrice repparacionis et reffectionis ecclesie cimbalorum et aliorum
ornamentorum nostrorum ? ad opus ecclesie prelibate. Tenore presencium dantes in mandato vobis... quathinus latorem presencium
benifice... admittetis, et caritatem presentetis, eciam sanctuarium
seu crucem defferendo, ut moris est, inducendo et feliciter exortando
perplures... ut eidem portatori ad opus fabrice ecclesie supradicte
sua gratos [grata] et largitatis subsidia argenti et manus plenas
porrigent adjutrices ; quibus... bonafacientibus ad opus ipsius
fabrice quadraginta dies de vera indulgencia conferimus et donamus. Quosquidem portatores preferri volumus aliisque quibus-
cumque questoribus tociens quosciens ad vos accesserint per pre-
missa ; et ex causa mobilique exhigentibus ab eisdem portatoribus,
attenta necessitate supradicta, presentibus litteris post triennum, a
data computamus proxima, et legitime computando minime valituris.

Acta fuerunt hec et concessa in camera domus nostre episcopalis
Sancti Flori, presentibus venerabilibus viris Dominis Johanne de
Bosco decano, Giberto de Brolio helemosinario ecclesie nostre
Sancti Flori, Guillelmo Armandi domicello, Johanne Jovehome,
Anthonio de Prato et Anthonio Gleysola clericis, testibus ad pre-
missa vocatis, die tercia mensis novembris indictione sexta anno
nativitatis Domini computando millesimo trecent[mo] nonagesimo
octavo. In quorum omnium et singularium testimonium atque fidem
sigillum curie officialatus Santi Flori una cum applicacione sigilli et subscriptionis notarii apostolici infra scripti, presentibus
litteris duximus apponendum.

les deux derniers siècles du moyen-âge, chez cette grosse tribu des Aymeric,
dont le patriarche fut Adam Aymeric âgé de 100 ans, d'après une enquête de
1339, elle fournit des notabilités locales de toutes sortes. François Aymeric
commandait l'artillerie de Saint-Flour au siège de Chaliers, envoyé par la ville
au connétable Du Guesclin avec cinq cents de ses soldats (1380). Il fut capitaine
de la ville, et devint receveur général des Montagnes pour le roi. Il l'était
en 1398, pendant que Jacques Aymeric était consul ; il l'était encore en 1400 et
fut élu premier consul en 1404. (*Reg. consul. de Saint-Flour* et Arch. municipales, *passim).*
La fabrique était, en résumé, composée des citoyens les plus considérables,
les plus influents et les plus instruits ; et l'évêque nouveau venu avait dû certainement, en outre des livres, trouver une tradition sur saint Florus parmi eux.

Et ego Philippus Camionis, clericus, civis Sancti Flori, notarius auctoritatibus apostolica et imperiali publicus et curie ejusdem domini episcopi juratus, collationem et commissionem indulgentiarum predictarum... hic et manu mea propria me suscripsi et signum consuetum meum proprium.. . . apposui una cum apposicione sigilli curie (1)...

XX (bis)

Note sur Hugue de Magnac, auteur du Mandement qui précède

Le mandement du 3 novembre 1398 n'a de prix que par la preuve formelle qu'il renferme de la persistance de la tradition légendaire de l'apostolicité de Florus à la fin du xive siècle. Le degré de science, d'autorité de son auteur, le rang qu'il occupait dans la société de son temps, caractère épiscopal à part, le milieu où il vivait et dont il exprimait la croyance, ont quelque poids.

Hugue de Magnac n'était pas l'un de ces saints évêques vivant obscurément aux pieds des autels d'un diocèse reculé, et on ne peut prétendre que les fumées de l'encens local voilaient son esprit. Limousin comme Bernard Gui et comme lui professeur, il appartenait à un monde élevé et à une famille très éclairée, fréquentant la Cour du roi, celle du pape d'Avignon, le parlement et l'université. De cette famille chevaleresque étaient sortis, au xive siècle, Guillaume de Magnac, capitaine-général de Saintonge, Poitou, Limousin, et conseiller de Philippe de Valois ; Aymeric de Magnac, évêque de Paris, cardinal en 1383, mort à Avignon deux ans après, après avoir été conseiller, maître des requêtes de l'hôtel des rois Jean II et Charles V, prélat intimément mêlé, avec notre compatriote Jean de Murol, évêque de Genève, puis cardinal aussi, aux luttes du schisme d'Occident (La France et le grand schisme d'Occident, Noël Valois, 1896) ; Pierre de Magnac, chevalier juriste, frère d'Aymeric, échanson et conseiller de Charles V, et de Charles VI qui l'envoyait en mission dans les provinces.

Hugue de Magnac, très instruit, fut lui-même conseiller à la cour des Aides de Paris, membre du parlement, membre du grand

---

(1) Arch. municipales de Saint-Flour. Titres non inventoriés enfermés dans une malle. Orig. sur parch. jadis scellé. Monogramme du notaire Philippe Camion. Document inédit.

conseil de Charles VI (1), un personnage judiciaire et politique enfin. Il était abbé du monastère bénédictin de Saint-Pierre de Revest lorsque, le 2 juillet 1394, il fut élu évêque de Saint-Flour en remplacement de Pierre de Vissac promu à Lavaur le 24 mai précédent (*Ann. ecclés.* Janv. 1396, anc. style, p. 40). Il n'était encore qu'évêque *élu* mais non sacré, lorsqu'après s'être démis de son abbaye, il souscrivit à la caisse pontificale de Benoît XIII la taxe de 900 florins à laquelle étaient fixées les lettres de provision du siège de Saint-Flour. (*1396.24 maii. Fr. Hugo electus s. Flori, olim abbas s. Petri de Rebesto, oblig. Benedicto XIII pro communi servicio, fl. 900. Item recognovit pro Petro antecessore suo nunc Vauren. epō. flor, 150 etc. Arch. Vatic., Reg. Ben. XIII Obl., t. XLIX, p. 100 Fab.*). Il fit prendre possession de son siège le 3 juin suivant par son vicaire Jean Goyet, abbé de Rambes, d'après procès-verbal existant encore aux archives municipales de Saint-Flour (*Malle. Titres non invent. orig. parch.* 3 juin 1396, et *Reg. consul. Saint-Flour* sous la même date). Il n'y avait pas voulu paraître en personne, tant que les difficultés duraient entre lui et la commune au sujet de ses privilèges municipaux et de la formule du serment à prêter, éternel sujet de conflit entre les évêques et la ville. Cette affaire était toujours pendante le 29 octobre 1396 aux Grands-Jours de Vermandois où le parlement l'avait renvoyée (*Reg. consul. Saint-Flour* à la date).

Au cours de ce procès, la cathédrale s'écroula presque entièrement le 3 août de la même année. Oubliant momentanément la querelle devant le désastre, Hugue de Magnac accourut. Il était le 24 décembre suivant à Saint-Flour où les consuls lui firent présent de muscatel, de vin « prunent » et d'un quintal de fromage de la Guiole, mais à cause du conflit il n'y fit point d'entrée solennelle ; il n'y eut ni hommage, ni serment. Reparti presqu'aussitôt pour Paris, il fut arrêté paraît-il, sur l'avis de l'Université, comme un des plus chauds partisans de Pierre de Luna, Benoît XIII, et son prédécesseur Pierre de Vissac, évêque de Lavaur, chargé d'administrer le diocèse pendant sa suspension, vint l'y remplacer momentanément. Il arriva à Saint-Flour au mois d'avril 1397 et s'y trouvait encore le 14 juin suivant (*Reg. consul. 1397*). Ainsi s'expliquent les confusions auxquelles ont donné lieu le chevauchement

(1) Il siégeait le 22 janvier 1400 avec les ducs de Bourgogne, d'Orléans, les comtes de Nevers, de Saint-Pol, le connétable, le chancelier de France, le sire de Giac (Douet d'Arcq. *Pièces inédites du règne de Charles VI*. I. 182) et encore le 29 juillet 1406 avec Guichard Dauphin, Guillaume Le Bouteiller, l'Hermite de la Faye, le sire d'Allègre etc... (*Ibid.* I. 290 et 298).

de ces deux épiscopats. Hugue de Magnac recouvre la liberté et sa fonction ; l'accord se fait entre lui et la commune qui tenait pour le pape d'Avignon ; et le mardi 28 septembre 1398 les trois consuls, leurs jurats et leurs sergents au nombre de 36 chevaux, vont au devant de lui jusqu'à Langeac (Haute-Loire, dans l'évêché de Saint-Flour). Il fait son entrée solennelle dans sa métropole, l'hommage est rendu, le serment prêté. (*Reg. consul. 1398*).

C'est alors qu'il promulgue le mandement du 3 novembre 1398 que je publie. Le Conseil de fabrique pour la reconstruction de la cathédrale avait été antérieurement organisé par la commune et il fonctionnait déjà ; Hugue de Magnac ne fit que le confirmer de son autorité épiscopale en le composant des mêmes membres. Le 28 mai 1399 les consuls envoient un présent « à maistre Hugues, maistre de l'obra de Mons. de Berry que cra vengutz visitar la gleyza de S. Flor ». Une autre fois, ils envoient chercher à Nonette cet architecte du plus artiste des princes (*Reg. consul.*). Il est fort probable que c'est à l'intervention de Hugue de Magnac que la ville dut ainsi d'avoir pour architecte de la cathédrale actuelle celui de Jean de Berry avec qui il était en fort bons termes. Après avoir édicté son mandement et pris les mesures nécessaires pour que le culte de saint Florus ne fût pas interrompu, Hugue quitta Saint-Flour où il ne fit que des apparitions très intermittentes pendant ses douze ans d'épiscopat. Les consuls le raccompagnèrent en robes et à cheval jusqu'à Vergongheon (Haute-Loire) aux limites du diocèse, en passant par Massiac et à Brioude. Il se rendait à Paris où il résida souvent ; on le trouve aussi à Rome, à Avignon. Son vicaire Jean Goyet, docteur en théologie, qu'il laissait à Saint-Flour pour administrer le diocèse, était un homme fort savant comme son chef, mais violent, ambitieux et de peu digne tenue, que Hugue destitua, sur plainte en règle portée en 1400 par les consuls (Arch. municip. Malle), et qu'il remplaça par M. Etienne Goyet. Le récit des luttes du parti épiscopal et de la commune sous Hugue de Magnac serait ici un hors d'œuvre ; mais pour les commencements de Hugue de Magnac il était utile de préciser à l'aide des documents locaux et inédits, vu les erreurs propagées à son sujet. Homme de science, en relation avec les sommités savantes de Paris et de la cour papale, Hugue fut à même de connaître tout ce qui avait été écrit avant lui sur la légende de Florus.

En rapprochant ce qu'il dit de l'apostolicité du saint et de ses deux missions de Narbonnaise et de Haute-Auvergne, ainsi que des deux miracles opérés pendant son voyage de Lodève à Indiciac, on est porté tout d'abord à n'y voir que la répétition du *Sanctoral*.

Rien n'est moins certain ; il se peut que la conformité du fond provienne simplement du recours aux mêmes sources. Hugue n'ajoute qu'en attestant la continuation des miracles, opérés encore en grand nombre de son temps par l'intercession du patron de son diocèse. Mais il ne dit pas un mot, ne fût-ce que par allusion « du cor, de la main, de la grotte » et autres soi-disant traditions qui ont poussé plus tard comme des herbes folles sur le fond de la légende sacrée. Et nul au siècle suivant n'en parle plus que lui.

ADDITIONS

Ce travail était imprimé lorsque je me suis aperçu que n'y figurait pas un texte très important pour notre sujet. Il est formel quant à l'usage en Auvergne des trompes d'ivoire dans les processions et quant à leur origine au milieu du moyen-âge. Il émane de Bernard, capiscole d'Angers, qui vint par trois fois, entre 1010 et 1020, au monastère de Conques, célèbre par le culte de sainte Foi, et situé, comme on sait, en Rouergue, mais sur la frontière du Cantal.

Parmi les nombreuses possessions de cette abbaye dans la partie de la province formant aujourd'hui l'arrondissement de Saint-Flour, le prieuré de Molompise, sur le bord de l'Allagnon, à peu de distance de Saint-Flour, était la plus importante ; elle en avait aussi en Planèze, dans les cantons de Pierrefort, de Saint-Flour et dans celui de Chaudesaigues. La « procession d'Auvergne » partait de Conques, précédée de la statue de sainte Foi, du reliquaire donné par Charlemagne, d'une croix étincelante de pierreries, et suivie de foules immenses. Elle traversait le Cantal de part en part, depuis l'arrondissement d'Espalion jusqu'aux environs de Massiac ; elle passait aux portes mêmes de Saint-Flour, pour aboutir à Molompise.

Le témoignage de l'écolâtre d'Angers est précieux en ce que la « célèbre coutume » par lui constatée sur place et de ses propres yeux, vers 1015, remonte, par conséquent, au moins au xᵉ siècle. Il en ressort nettement :

1º Que les nobles pèlerins avaient déjà l'habitude de rapporter de leurs pèlerinages d'Orient et d'offrir aux monastères des trompes d'ivoire ;

2º Qu'elles y servaient de simple *ornement ;*

3º Qu'on les *portait* mais qu'on ne les sonnait pas aux processions où elles n'étaient qu'un symbole;

4º Que cet ornement n'avait rien de spécialement applicable au patron ou à la patronne de l'église donataire ;

5º Que leur usage était fort connu à Saint-Flour au moment de la fondation du second monastère et de la ville. Voici le passage :

(1015 env)

De multiplicatione miraculorum sancte Fidis quæ in Arvernica processione facta sunt.

Alia tempestate fuit portata imago sancte Fidis, et capsa aurea quam fertur donavisse Karolus magnus sine qua etiam nunquam ejusdem sacer imaginis loculus bajulatur, *in Arverniam, in quoddam sancte Fidis predium quod Molendinum Pisimum indigene nuncupant* (1), ut ad usus supplementumque illud abbatie pervaderent. Est enim mos insitus et *inclita consuetudo* ut si terra sancte Fidi data sub injusto pervasore qualibet ratione tollitur, sacre virginis capsa eo deferatur in recipiendi juris testimonium, edicta solempniter processione cleri plebisque, cum cereis ac lampadibus omnique celebritate procedentis. Precedit sacra pignora processionalis crux, techis et auro circumtexta, ac vario gemmarum interstellata fulgore. Textus etiam Sancti Evangelii cum aqua benedicta, et sonantia cymbala, et etiam *CORNEE TUBE A NOBILIBUS PEREGRINIS, ORNAMENTI CAUSA, IN MONASTERIO OBLATE, TYRONUM MINISTERIO VEHUNTUR.* Incredibile prorsus dictu, quid virtutum in processionibus istius modi patratum sit. Sed nunc, solum *Arvernica processione* ad scribendam sollicitamur. Hujus igitur opinio longe lateque abierat, ob idque morbidorum exercitus e diversis partibus ad hanc confluxerat. Quorum tanta numerositas convaluit, ut nisi superarent qui affuerunt, nulla jam ratione credi posset, etc... (2).

Voilà le témoignage contemporain d'un prêtre très pieux, d'un professeur instruit, chef des Ecoles d'une grande ville, qui a vu, su, suivi lui-même la procession, et connu l'usage liturgique aussi bien que l'origine des trompes d'ivoire des monastères. Ce texte achève de vider la question.

(1) Molompise, chef-lieu de commune du canton de Massiac, arrondissement de Saint-Flour. Prieuré de l'abbaye de Sainte-Foi de Conques. Station du chemin de fer entre Massiac et Murat.

(2) *Liber miraculorum Sancte Fidis*, lib. II, cap. IV. Edition de l'abbé Bouillet, 1897, Paris, Picard. Ouvrage récompensé en 1898 par l'Institut.

ERRATA

Nota. — La majeure partie des épreuves de ce travail n'ayant pas été envoyée à l'auteur absent, le nombre et la nature des errata s'en est ressenti.

—

Pages

4. 13° ligne, lire : « Montravel » au lieu de « Mondravel ».

5. Dern. l. : « 1262 » au lieu de « 1362 ». — 8° l. : « Jacques » au lieu de « dom ».

6. 2° l. : « Christi » au lieu de « Christ ». — 10° l. : « de Saint-Maur » au lieu de « de Cluny ».

9. 7° l. : suppr. « ces derniers » et « environ ».

15. 23° l. : « Rencon » au lieu de « Rencou ». — Note 1 : « Luchaire » au lieu de « Lachaize ».

17. 6° l. « la compare » au lieu de « l'appatronue ».

19. Notes 6° l. : « Comtors » au lieu de « Comtores ».

22. 15° l. : « ni *do, dono, dimitto* dans le sens de donation » au lieu de « mais aussi *do, dono, dimitto* ».

23. Av. dern. l. : « et dont le consentement » au lieu de « et qui ».

29. 2° § : supprimer les 4 premiers renvois cotés « 2 » par erreur.

39. Note : « membre de l'abbaye du » au lieu de « ou ».

48. Note 4 : « Cartul. » au lieu de « Curtul. ».

50. 5° l. : « prieuré » au lieu de « diocèse ».

51. Note, 2° l. : « editorum » au lieu de « editarum ».

62. 20° l. : « Chamalières-sur-Loire » au lieu de « Saint-Floret du Mo-nastier-Saint-Chaffre en Velay ».

63. Note 1, 2° l. : « serait, paraît-il » au lieu de « il est ».

64. 6° l. : ajouter « ou pélagre » après « peau-sèche ».

65. 8° l. : « Carladès » au lieu de « Courladès ». — 22° l. : « Erail » au lieu de « Trail »

66. 7° l. : suppr. « non seulement des reliques mais ».

84. 25° l. : « a » au lieu de « ai ».

87. 7° et 10° l. : « Jacques » au lieu de « Dom ».

88. Note 3 : une virgule après « châtelain ». — *Ibid.* 6° l. : ajouter « gé-néralité de Riom, p. 342, n° 301 » après « nat. »

91. Dern. l. : « avait eu un » au lieu de « avait un ».

92. 8° l. : « a » au lieu de « aurait ». — 27° l. : après « seigneur » ajouter « du lieu ».

93. 8° l. : « cela » deux fois répété ; supprimer le premier. — Note 2 : « Series » au lieu de « Saries ».

95. Note 1 : « . Ne fît-il » au lieu de « , que ne fît-il ». — Même note : « . De cette absence » au lieu de « , que de cette absence ».

97. 13e l. « Mabillon » au lieu de « Massillon ». — Note 1 : « duc de Bouillon » au lieu de « duc de Massillon ».

115. 10e l. : « août » au lieu de « juin ».

118. Note 5 : « Abolnacum » au lieu de « Abolnœcum ».

119. Note 2 : « *Eustorgius* » au lieu de « *Eustorigius* ».

120. 20e l. : « au » au lieu de « du ».

121. 36e l. : « *Wido* » au lieu de « *Wide* ».

124. Avant dern. l. : suppr. « *corr.* ». — Note 5 : suppr. « père de Guillaume ».

125. 8e l. : Ajouter un renvoi no 1. — Notes, 2e l. : « *Novalicense* » au lieu de « *Novalacense* ».

127. Note 5, 2e l. : « que Rome » au lieu de « qu'elle ».

128. 7e l. : « placitaverunt » au lieu de « placidaverunt ». — Note, 8e l. : « Arlanc » au lieu de « etc ». — 19e l. : « Muret » au lieu de « Muratel ».

129. Note 4, 2e l. : « peu vraisemblablement le premier, bien qu'il fût » au lieu de « plus probablement qui était ». — Ajouter à la même note : « Il s'agit presque certainement de Saint-Antonin, d'après l'itinéraire que le moine contemporain Helgaud nous a laissé des pèlerinages du roi Robert en 1030-1031 (*Vita Roberti regis*) ». — Note 9 : « La phrase suivante » au lieu de « la phrase ».

130. Note 5 : ajouter après « comme » « l'a dit Peignot (*Hist. de l'abbaye de Cluny*) et comme le croyait » au lieu de « l'a dit ».

131. Note 6 : « Bausac » et non « Boussac ». — Note 8, 2e l. : « Arouaise » et non « Aronaise ». — 7e l. : suppr. le surplus de la note à partir des mots « A rapprocher ».

132. 18e l. : suppr. « visiteur général de l'ordre de Cluny ».

133. 13e l. : « que plusieurs fois » au lieu de « à plusieurs reprises ». — 15e l. : « 1663 » et non « 1653 ».

135. 5e l. : « Etienne de Beaumont » au lieu de « Etienne Beaumont ».

136. 15e l. : un « ; » après le renvoi 5. — Note 5, 4e l. : « mense » et non « manse ».

139. 11e l. : « abbatiam » et non « abbatium ».

141. Note 4 : aj. « Il manque un verbe à la phrase ».

149. 4e l. : « œuvre » au lieu de « occupation ». — 15e l. : « une » au lieu de « un ».

153. 9e l. : « mundi » au lieu de « munde ». — 10e l. : « gloriose » et non « glorioso ». — « ingenua » et non « ingenia ».

155. 1re l. : « consuetis » et non « concuetis ». — 16e l. : « proxime » et non « proximo ».

157. 29e l. : ajouter « citons » avant « Pierre de Magnac ».

159. 31e l. : « Me Etienne Joyet » et non « M. Etienne Goyet ». — Suppr. la dernière ligne.

TABLE

—

ADDITIONS

www.ingramcontent.com/pod-product-compliance
Lightning Source LLC
Chambersburg PA
CBHW052054090426

42739CB00010B/2176